KB272663

모든 시대를 통틀어서 가장 훌륭한 경영인이자

비즈니스 철학자인 피터 드러커(Peter Drucker)에게 이 책을 바칩니다.

이분의 통찰력, 아이디어, 관찰 내용은

저에게 끊임없는 지식과 영감을 안겨줍니다.

언제나 감사한 마음 가득하다는 말씀을 드리고 싶습니다.

전략이 없으면 성공도 없다

터보 스트래티지

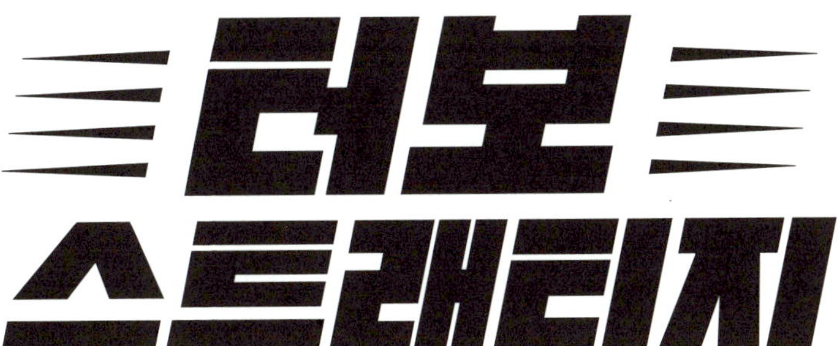

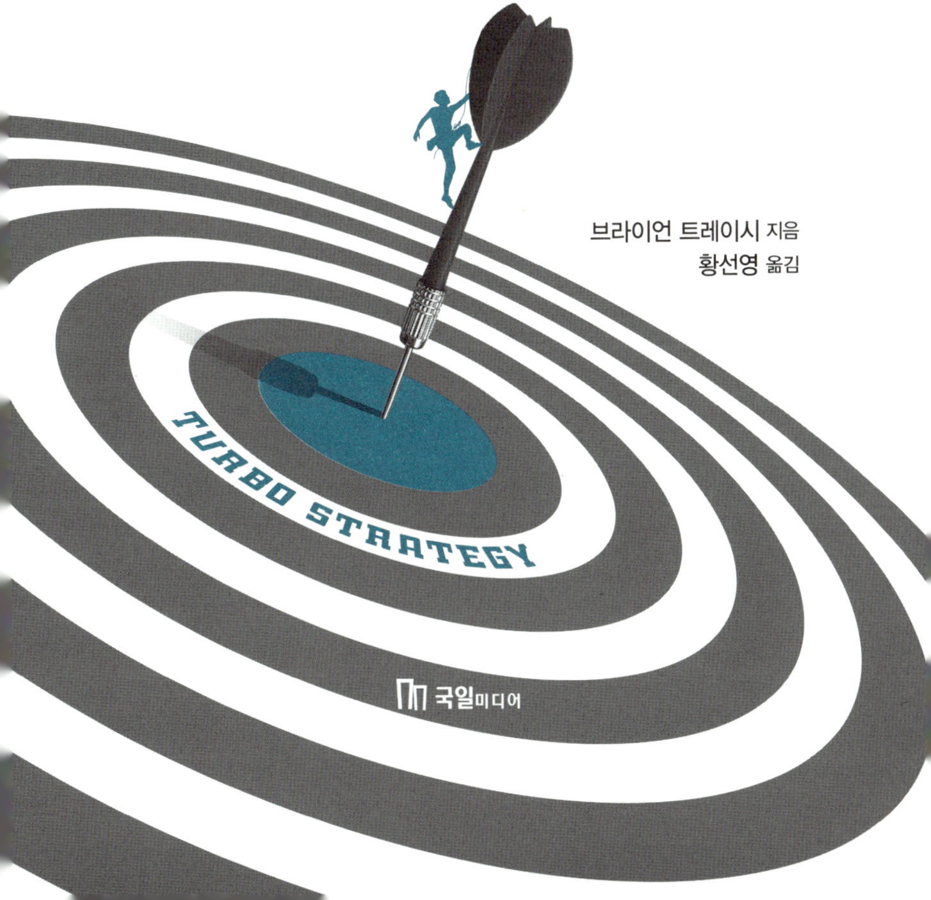

브라이언 트레이시 지음
황선영 옮김

국일미디어

이 책을 선택해주심에 감사드린다. 페이지를 넘기다 보면 초고속 성공의 길로 가는 전략을 알게 될 것이다. 이 책에는 매출과 수익은 늘리고 비용은 줄이는 비법이 담겨 있다. 어떤 경제에서든 어떤 경쟁적인 환경에서든 사업을 성공적으로 운영하는 데 필요한 최고의 기술과 전략을 적용해보자.

이 책에서는 실용적이고 검증된 아이디어, 방법, 기술을 소개한다. 전부 까다로운 시장에서 살아남아서 성장하는 개인과 기업들이 활용하는 것들이다.

이 책을 읽으면서 나 자신 뿐만 아니라 회사의 비전, 가치, 사명, 목적, 목표를 명확하게 정해보자. 그렇게 모든 것이 명확해지면 수개월 내에 수익과 수익성이 개선될 것이다.

당신이 시간을 아끼고 더 좋은 성과를 최대한 빨리, 많이 올릴 수 있도록 내가 수년간의 경험을 통해 얻은 아이디어들을 소개할 것이다. 그뿐만 아니라 전략, 계획 수립, 마케팅,

판매, 사업의 성공을 다룬 수백 권의 책과 수백 편의 논문에
서 얻은 비법들도 전수하려고 한다.

하지만 이 책에 실린 내용이 가장 중요한 것은 아니다.
그보다는 책에서 배운 실용적이고 입증된 아이디어들을 어
떻게 활용하는지가 중요하다. 가장 중요한 것은 실천이다.
이 책을 읽으면서 여러 아이디어를 당신의 삶과 사업에 곧
바로 적용할 수 있도록 구체적인 실천 방안을 생각해보길
바란다.

삶의 다른 여러 영역과 마찬가지로 사업을 할 때도 결과
가 제일 중요하다. 이 책에서 소개하는 다양한 전략이 당신
이 더 나은 결과를 더 빨리 얻도록 도울 것이다.

이 책을 쓴 이유

내가 이 책을 쓴 이유는 두 가지다. 첫 번째 이유는 독자 여러분의 미래, 삶, 직장, 사업이 더 잘되고 성공하길 바라기 때문이다. 지금 어떤 사업을 하고 있든 커리어의 어느 단계에 있든 당신이 더 잘되길 바란다.

내가 이 책을 쓰는 두 번째 이유는 당신이 점점 더 격변하는 21세기의 까다로운 환경에서 살아남고 번성하는 데 필요한 실용적인 기술을 소개하고 싶어서다.

나는 이런 접근법을 '터보 전략'이라고 부른다. 이것이 전략을 세우고 적용하기에 강렬하고 빠르고 집중적이고 효과적인 방법이기 때문이다. 터보 전략은 즉각적인 변화와 더 나은 결과를 빨리 얻기를 원하는 당신과 기업을 위한 도구다.

결과를 고려해라

우선순위를 설정하거나 어떤 결정이나 행동의 가치를 알아내는 데는 간단한 규칙이 있다. 바로 결과를 고려하는 것이다. 중요한 행동이나 결정이란 잠재적으로 의미 있는 결과로 이어지는 것을 말한다. 잠재적인 성과가 클수록 그런 성과를 끌어낼 행동이나 결정이 더 중요해진다.

그렇게 생각하면 전략적인 사고와 계획 수립은 의사 결정자가 하는 모든 행동을 통틀어서 가장 중요한 것일지도 모른다. 좋은 전략이 성과로 이어지면 회사가 성공할 수 있다. 반대로 전략이 부족하거나 아예 없으면 회사의 몰락을 부를 수 있다.

마이클 카미(Michael Kami)는 "미래를 위한 계획을 세우지 않는 자에게 미래란 없다"고 했고, 피터 드러커는 "미래를 예측하는 최고의 방법은 미래를 직접 창조하는 것이다"라는 말을 했다. 전략이 열쇠다.

모든 면담과 연구에서 거의 모든 경영진이 만장일치로 동의하는 것이 있다. 오늘날 알려진 모든 경영 관리법과 기술을 통틀어서 전략적인 계획 수립이 여전히 비즈니스 성과를 올리기에 가장 강력하고 효과적인 도구라는 점이다.

전략적인 계획을 세워라

오늘날 바쁜 경영진이 가장 어려워하는 점이 한 가지 있다. 바로 전략적인 사고에 관한 방대한 자료를 읽고 복잡한 내용을 숙지할 시간을 내는 것이다. 그럴 때는 수익성을 올리기 위해 당장 사용할 수 있는 간단한 도구가 필요하다. 지금부터 살펴볼 21가지 원칙이 그런 도구의 역할을 할 것이다.

놀랍게도 전략적인 계획조차 세우지 않은 기업이 많다. 설령 그런 계획이 있더라도 현 경제 상황을 미루어보면 낡고 한물간 것일 때가 많다.

이 책에서는 회사의 전략을 빠르게 분석할 수 있는 도구를 제시한다. 책을 읽다 보면 사업 활동을 개선하는 데 필요한 즉각적인 결정도 내리게 될 것이다. 어쩌면 회사를 완전히 뜯어고칠 수 있는 통찰력을 얻을지도 모른다. 실제로 수년 동안 정말 많은 기업이 나의 아이디어 덕분에 크게 성장했다.

이 책을 한 편의 이야기로 시작하려고 한다. 노벨물리학상을 탄 알베르트 아인슈타인(Albert Einstein)은 1951년에 프린스턴대학교에서 학생들을 가르치고 있었다. 그는 물리학 고급반 학생들의 시험을 감독하고 연구실로 돌아가는 길이었다. 그의 옆에는 조교가 학생들이 제출한 시험지를 들고 걷고 있었다.

조교는 자신이 20세기 최고의 물리학자와 함께 있다는 사실에 가슴이 벅차올랐다. 그는 아인슈타인에게 이런 질문을 던졌다. "박사님, 아까 학생들에게 내신 시험 문제가 작년에 그 학생들한테 내신 시험 문제와 똑같지 않았습니까?"

아인슈타인은 잠시 생각하더니 이렇게 대답했다. "맞아. 같은 문제였어."

조교는 머뭇거리면서 물었다. "하지만 박사님… 어떻게 2년 연속 같은 학생들에게 같은 문제를 내실 수가 있습니까?"

아인슈타인은 이렇게 말했다. "답이 달라졌으니까."

이 이야기의 핵심은 질문은 똑같았더라도 정답이 1년 전과 달라졌다는 것이다. 그 당시에 물리학의 세계에 새로운 발견과 발전이 빠른 속도로 일어난 탓이다.

당신에게 필요한 답도 달라졌다

이 이야기는 당신과 당신의 비즈니스에도 똑같이 적용된다. 1년이 지나는 사이에 당신이 알고 있던 정답이 달라졌다. 정답은 지금도 달라지고 있으며 매일 달라질 때도 있다. 12개월, 24개월, 36개월이 지나는 동안 당신이 내세우는 상품, 서비스, 가격, 프로세스, 마케팅, 판매 방식, 수익률이 전부 달라질지도 모른다. 그 모든 것이 한꺼번에 달라지는 날이 올 수도 있다. 이것이 바로 전략적 사고와 전략적인 계획 수립을 꾸준히 해야 하는 이유다.

당신이 지금 하는 거의 모든 일은 단순히 과거에 했던 일을 이어서 하는 것뿐이다. 그것이 사업을 운영하는 데 가장 효과적이고 수익성 있는 방법이 아니더라도 말이다. 당신이 하는 거의 모든 일이 오늘날의 시장에서 현 비즈니스 환경과 더는 어울리지 않는다. 정답이 바뀐 것이다.

고객이 달라졌다. 그들에게는 이제 다른 욕구, 필요, 기대가 생겼다. 고객은 새로운 가격을 원하고 결정적인 제약 때문에 예전과 다른 환경에서 구매 활동을 한다.

그런데도 간부들은 여전히 낡은 아이디어를 토대로 회사를 운영한다. 시장이 달라져서 그들이 판매하는 상품과 서비스가 더는 이상적이지 않은데도 말이다.

경영진 중에는 엉뚱한 데로 차를 모는 운전자 같은 사람이 많다. 그런 사람은 동승자가 지도를 보면서 "잘못된 길을 달리고 있어요!"라고 말해도 상황 파악이 잘되지 않는다.

운전자는 핸들 위로 몸을 굽히면서 이렇게 말할 뿐이다. "뭐 어떻습니까? 시간을 아끼고 있는데요."

실제로 시간을 아껴 쓰는 간부가 많다. 성과를 올리려고 점점 더 부지런히 일한다. 하지만 그들은 잘못된 길 위에 있다. 현 상황을 살펴봤을 때 잘못된 방향으로 달리는 중이다. 정답이 달라졌기 때문이다.

방향을 전환할 준비를 하자

메닝거 연구소(Menninger Institute)에 따르면 비즈니스에서 성공을 거두기 위해 제일 필요한 것은 유연성이라고 한다.

격변의 시기에 살아남아서 번성하려면 개방적인 사고를 길러야 한다. 어제의 일은 잊고 오늘의 사실과 현실을 마주할 의지가 있어야 한다. 당신이 잘못된 길 위에 있을지도 모른다는 가능성을 받아들이자. 그러고 나서 방향을 전환할 준비를 해보자.

미국경영협회(AMA)에 따르면 시간이 어느 정도 흐르고 나면 당신이 내린 비즈니스 결정의 70퍼센트가 잘못된 것으로 밝혀질 거라고 한다. 그 당시에는 분명 합리적인 결정이었을 것이다. 기존의 상황을 토대로 좋은 결정을 내렸겠지만, 지금은 정답이 달라졌다. 당신이 결정을 내릴 때 참고한 정보가 더는 똑같지 않다. 그 사이에 비즈니스 환경이 극적으로 달라졌을 수도 있다.

축구 시합에서 타임아웃을 요청하듯이 가끔 멈춰 서서 상황을 재평가해야 한다. 뒤로 한 발 물러나서 당신이 사실이라고 여기는 것들을 살펴보자. 그래야 그런 것들이 여전히 유효한지 아닌지 판단할 수 있다. 새로운 정보가 생기면 오늘 당신이 놓인 상황에 맞는 적합한 전략을 다시 세워야 한다.

잘 돌아가고 있습니까?

옛날에 한 남자가 심장마비로 세상을 떠났다. 그가 일구던 건설 회사는 아내에게 남겼다. 그는 25년 동안 사업에 공을 들였지만 건강은 돌보지 못했다. 음식도 너무 많이 먹었고, 술도 너무 많이 마셨다. 그러면서도 운동은 전혀 하지 않았다. 결국, 건강 문제가 발목을 잡았고 그는 사망하고 말았다.

그의 부인은 결혼 후 거의 모든 시간을 아이들을 키우고 가정을 돌보는 데 썼다. 그래서 비즈니스에 대해서는 아는 게 별로 없었다. 하지만 그녀는 이제 1천만 달러짜리 건설회사의 주인이었다. 이 회사가 가족을 부양할 수 있는 유일한 수단이자 그녀의 가장 큰 자산이었다.

남편의 장례식이 끝나고 부인은 월요일 아침부터 회사를 찾았다. 그러고는 관리자들을 전부 앉혀놓고 회사가 어떻게 돌아가는지 설명해달라고 했다. 그들은 부인이 정말로 사업을 이해하길 원한다는 것을 눈치챘다. 그래서 회사를 구경시켜주면서 회사에서 제공하는 다양한 상품과 서비스에 관해 설명했다. 부인은 특정한 생산 라인에 관한 설명을 듣고 나면 단순히 이렇게 물었다. "잘 돌아가고 있습니까?"

어떤 상품이 잘 팔리면 부인은 그 상품을 계속 생산하게 했다. 반대로 상품이 잘 안 팔리면 생산을 중단하게 하거나 수익이 더 날 수 있게 무엇인가를 바꾸게 했다.

그녀가 기본적으로 궁금한 것은 딱 두 가지였다. "무엇이 잘 돌아가는가?"와 "무엇이 잘 돌아가지 않는가?"였다. 이것이 바로 그녀의 경영 스타일이었다.

부인은 회사에 들를 때마다 관리자들을 만나거나 현장을 시찰했다. 그러고는 두 가지 질문을 던졌다. 바로 "무엇이 잘 돌아갑니까?"와 "무엇이 잘 돌아가지 않습니까?"였다. 잘 돌아가지 않는 일에는 개선하거나 중단하라는 지시가 떨어졌고, 잘 돌아가는 일에는 격려가 쏟아졌다.

그러고 나서 부인은 "누가 일을 열심히 합니까?"와 "누가 일을 열심히 안 합니까?"라고 질문했다. 그러면 머지않아 인력이 재배치되었다. 그 덕택에 모든 직원이 일을 제대로 했고 회사의 가치 있는 인재가 되었다. 그러기 싫거나 그러지 못하는 사람들은 다른 곳으로 가라는 권유를 받았다.

이런 방식을 매일 적용해라

당신도 이런 방식을 비즈니스에 적용해야 한다. 어떤 이유로든 더는 수익이 나지 않는 상품이 있으면 "이게 제대로 돌아가는 것인가?"라는 질문에 답해보자. 진전이 없거나 매출과 수익성이 나아지지 않거나 예정된 날짜에 성과를 올리지 못할 때도 마찬가지다.

일이 제대로 돌아간다면 그 일을 더 해라. 혹시 제대로 안 돌아간다면 잠시 시계를 멈추고 스포츠팀 감독처럼 타임아웃을 부르자. 그러고 나서 당사의 상품, 서비스, 프로세스, 활동 영역을 새로운 시각으로 살펴보자.

과거의 경험과 기존에 알고 있던 사실은 전부 제쳐둘 용기가 있어야 한다. 그저 "무엇이 잘 돌아가는가?", 그리고 "무엇이 잘 돌아가지 않는가?"라는 질문에 답하면 된다.

비즈니스에서의 성공과 실패는 회사를 전략적으로 분석하고 계획을 세우는 당신의 능력에 달렸다. 당신이 하는 모든 일이 가장 중요한 목표를 실현하는 데 도움이 되어야 한다.

지금부터 당신의 회사가 변하고 성공하기 위해 필요한 21개의 아이디어를 소개한다. 전략적인 분석을 위한 좋은 도구가 될 것이다. 이제 당신이 세운 판매량, 성장, 수익률에 관한 목표를 향해 나아갈 때다. 당신이 상상한 것보다 훨씬 빠른 속도로 목표를 달성할 수 있을 것이다.

목차

제1장

지금 있는 자리에서 시작해라

"지금 가진 것으로

그 자리에서 할 수 있는 일을 해라."

– 시어도어 루스벨트(Theodore Roosevelt)

경영 전략을 세우려면 현 상황을 그야말로 명확하게 이해하는 것부터 시작해야 한다. 사업을 전체적으로 살펴보고 모든 영역에서 "무엇이 잘 돌아가는가?", "무엇이 잘 돌아가지 않는가?"라는 질문을 던져야 한다.

현재 매출이 어느 정도인가? 매출을 상품, 생산 라인, 서비스, 시장, 유통 채널 별로 분석해보자. 어떤 고객에게 정확히 무엇을 얼마에 팔고 있는가? 수익성은 어느 정도인가?

현재 매출을 기존에 추측하거나 예상한 수치와 비교해보자. 일이 제대로 돌아가고 있는가? 올해 매출을 작년 것과 비교했을 때 매출이 늘어나는 추세인가 줄어드는 추세인가? 그 추세가 일시적인가 지속적인가? 추세를 보니 사업이 앞으로 어떻게 될 것 같은가? 현 추세에 더 효과적으로 대응할 방법이 떠오르는가? 현재 상황에 관한 이런 질문들의 답을 찾아보자.

현금 유동성이 전부다

현금 유동성을 살펴보고 각각의 상품, 서비스, 활동 영역에서의 수익성을 따져보자. 수익률이 높아지는가, 낮아지는가? 자본이 부족한가, 충분한가? 이때 퍼센티지를 봐야 한다. 자기 자본 이익률(ROE), 투자 수익률(ROI), 매출액 순이익률(ROS)을 분석해보자. 수치가 증가하는가, 감소하는가?

짐 콜린스(Jim Collins)는 『좋은 기업을 넘어 위대한 기업으로』에서 문제를 해결하고 목표를 달성하려면 자기 사업에 관한 '가혹한 질문들'을 던질 의향이 있어야 한다고 말한다. 위대한 회사를 세우는 것이 목표라면 다음과 같은 가혹한 질문들을 던져야 한다.

당신의 회사가 위대해지지 못한 이유가 무엇인가? 당신이 판매하는 것 중에서 요새 잘 팔리는 상품이나 서비스는 무엇인가? 어떤 상품과 서비스가 수익률이 가장 높은가? 반대로 어떤 것들이 수익률이 가장 낮은가? 어떤 상품이나 서비스 때문에 손해를 보는가? 어떤 영역에서든 현재의 사업 현황이 긍정적인가 부정적인가? 그것이 일시적인 현상인가 장기적인 추세인가? 어떻게 확신할 수 있는가? 어떻게 알아낼 수 있는가? 이제 무엇을 해야 하는가?

중요한 것은 명확성이다

경영 전략을 세울 때 가장 중요한 키워드는 '명확성'일 것이다. 앞에서 살펴본 질문들에 대한 답이 확실해야 한다. 어떤 영역에서든 답이 애매하거나 불확실하면 문제나 어려움에 봉착할 수 있다. 잘못하면 대참사가 일어날지도 모른다.

당신의 사업이 과거에 성공을 거둔 비결은 무엇이었는가? 예전에 무엇을 잘해서 오늘 성공을 누리고 있는가? 현재 당신의 회사가 보유한 가장 중요한 기술과 능력이 무엇인가? 지금 당장 제공할 수 있는 최고의 상품과 서비스는 무엇인가?

주위를 둘러보자. 당신에게 가장 중요한 사람들이 누구인가? 누가 예전보다 덜 중요해졌는가? 당신의 사업에 손해를 끼치거나 치명적인 사람들은 누구인가?

이런 가혹한 질문들을 던지고 대답할 준비가 되어야 한다.

고객을 파악해라

요새 당신에게 최고의 고객은 누구인가? 당신이 사업하기에 가장 좋은 시장은 어디인가? 당신의 고객이 어떤 서비스를 제일 좋아하는가? 당신이 제공하는 상품이나 서비스 중 어떤 것을 고객이 제일 많이 칭찬하는가? 고객 만족도가 가장 높은 영역은 어디인가? 당신의 고객이 가장 덜 좋아하는 것은 무엇인가? 고객이 불만을 제일 많이 토로하는 것이 무엇인가? 고객과 잠재적인 고객이 당신이 아닌 다른 판매자에게서 사고 싶은 것은 무엇인가?

이런 질문들에 대한 답을 생각해보자.

정확한 정보를 확보해라

자기 자신을 객관적으로 살펴보자. 자신이 어떤 기술, 특성, 능력이 가장 뛰어나다고 생각하는가? 당신이 직장에서, 그리고 회사를 위해서 하는 가장 중요한 일이 무엇인가? 당신이 사업을 위해서 가장 많이 이바지하는 부분이 무엇인가?

자신의 몸을 종합적으로 검사하는 의사가 되었다고 상상해보자. 기업을 사람의 몸처럼 생각하고 기업의 중요한 세부 사항에 관해 정확한 정보를 확보해라. 그렇게 얻은 정보를 바탕으로 앞으로 어떻게 나아갈지 결정하는 것이 좋다. 모든 단계에서 솔직하고 객관적으로 접근해보자.

ITT를 거대 기업으로 키워낸 해럴드 제닌(Harold Geneen)은 항상 이런 말을 했다. "사실을 확보하세요. 진짜 사실을 알아내세요. 표면적인 사실이나 사실이었으면 하는 사실이나 당연해 보이는 사실을 말하는 것이 아닙니다. 분석을 통해 얻은 진짜 사실을 알아야 합니다. 사실은 절대 거짓말하지 않으니까요."

추측을 의심해라

시간 관리 전문가 알렉스 매켄지(Alex McKenzie)는 이런 말을 했다. "실패의 근본적인 원인은 항상 잘못된 추측에 있다." 사업할 때 하는 모든 행동은 특정한 추측에 바탕을 둔다. 하지만 그중 몇 가지는 틀렸을 가능성도 있다. 답이 달라졌을 수도 있고, 과거에는 맞았던 것이 지금은 틀릴지도 모른다. 따라서 추측한 내용을 전부 확인하면서 "이 내용이 사실이 아니면 어떻게 해야 하는가?"를 생각해보자.

만일 잘못된 추측을 기반으로 활동하고 있다는 사실을 알아냈다면 어떤 변화를 줘야 하는가? 특히 중요 인물, 핵심 고객, 주요 상품과 서비스, 주된 예측 내용의 측면에서 무엇이 달라져야 하는지 따져보자.

경영 전략을 세우려면 오늘 당신이 정확히 어디에 있고 어떤 상태인지에 대한 현실적이고 정직한 진단이 먼저 이루어져야 한다. 이것이 바로 전략적인 계획 수립과 전략적인 사고의 출발점이다. 이런 진단을 바탕으로 앞으로의 모든 결정이 이루어질 것이다.

지금 있는 자리에서 시작해라

1. 오늘날 당신의 사업에서 가장 잘 돌아가는 것이 무엇인가? 어떤 부분 덕택에 사업하면서 가장 신이 나는가?

2. 당신의 사업에서 잘 돌아가지 않는 것이 무엇인가? 어떤 부분 때문에 사업하면서 가장 속상하고 답답한가?

3. 당신에게 가장 중요한 상품은 무엇이고 가장 중요한 시장은 어디인가? 수익이 가장 많이 나는 영역이 어디인가?

4. 당신에게 가장 중요한 사람들은 누구인가? 당신이 성과를 올리는 데 도움을 제일 많이 준 사람들은 누구인가?

5. 당신만의 재능과 능력은 무엇인가? 성공 비결은 무엇인가?

6. 당신이 공략하는 시장에서 어떤 큰 변화가 일어나고 있는가? 변화에 적응하기 위해서 무엇을 바꿔야 하는가?

7. 사람, 고객, 시장, 상품, 서비스, 당신에 관해서 어떤 추측이 가장 의미 있는가? 그런 추측 중 한 가지가 사실이 아닌 것으로 밝혀진다고 가정해보자. 그럼 어떻게 할 것인가?

제2장

과거는 잊어라

"인간의 내면 깊은 곳에는 잠들어 있는 힘이 있다.

그런 힘은 우리를 놀라게 한다.

그런 힘이 있으리라고 상상해본 적도 없으니까.

그런 힘을 깨워내서 현실에서 사용하면

삶이 송두리째 뒤흔들릴 것이다."

– 오리슨 스웨트 마든(Orison Swett Marden)

회사가 위험에 처하면 이사회나 회사 소유주들이 기업 회생 전문가를 부른다. 그러고는 그 사람을 담당자로 선정한다. 기업 회생 전문가는 그때까지 일어난 모든 일에 아무런 기득권도 없기 때문이다. 그 전문가는 과거는 신경 쓰지 않고 회사의 앞날과 생존에 집중한다. 당신도 똑같이 대처해야 한다. 스스로 기업 회생 전문가가 되어야 한다.

위대한 내일을 건설하고 싶다면 제대로 돌아가지 않는 일들을 중단해라. 올바른 일을 더 많이 하려면 잘못된 일을 그만두는 것이 맞다.

제로 베이스 사고를 실천해라

유연성을 최대한으로 유지하는 데 도움이 되는 사고 도구 (thinking tool)가 있다. 이런 도구는 오늘뿐만 아니라 은퇴하는 날까지 쭉 쓸 수 있다. 이 사고 도구는 내가 살면서 읽고 연구하고 직접 사용해본 최고의 분석 도구 중 하나다. 나는 이것을 '제로 베이스 사고'라고 부른다.

제로 베이스 사고의 예를 하나 들어보자.

나는 샌디에이고(San Diego) 근처에 산다. 란초 산타페 (Rancho Santa Fe)에서 멀지 않은 곳이다. 이 지역은 미국에서 가장 비싼 동네라고 〈포브스(Forbes)〉에 실리기도 했다. 평균 집값이 100만 달러가 넘는 탓이다. 집값은 빠른 속도로 2,500만 달러를 찍고 이제는 3,000만 달러를 향해 오르는 중이다. 산타페 철도 회사(Santa Fe Railway Company)가 이 동네를 지은 지 50년도 넘었다. 란초 산타페는 이제 샌디에이고 지역에서 최상류층이 사는 초호화 지역으로 여겨진다.

란초 산타페 지역의 계약 구역에는 부지 면적과 건축 디자인에 관한 아주 엄격한 가이드라인이 있다. 그 구역 안에 있는 집은 특정한 색과 구조에 관한 규정을 따라야 한다. 부지 면적도 최소 2에이커는 돼야 한다. 이미 개발된 지역이고 그곳에 집이 지어진 지 50년이 넘어서 낡은 집이 많다. 부동산 중개업자들은 그런 집을 '긁어내야 하는 집(scraper)'이라고 부른다.

'긁어내야 하는 집'은 란초 산타페에 2에이커 이상의 부지에 지어진 낡고 작은 집을 말한다. 명망 있는 '더 랜치(The Ranch)'에 살고 싶은 사람들은 낡은 집을 수리하거나 개조하는 것보다 불도저로 밀어버리는 편이 대체로 더 저렴하다는 것을 안다. 비싼 땅에 있는 낡은 집을 사람이 살 수 있는 상태로 개조하는 것보다 집을 새로 짓는 것이 더 싸다는 말이다.

다시 시작하는 상상을 해라

제로 베이스 사고를 하려면 '긁어내야 하는 집'과 같은 사고방식을 사업의 모든 부문에 적용해야 한다. 이때 이런 핵심 질문을 던지면 된다. "사업을 처음부터 다시 시작할 수 있다면 지금 하는 일 중에 다시 손대고 싶지 않은 것이 있는가?"

특정한 비즈니스 활동을 변경하거나 수정하거나 개선하려고 애쓰지 말자. 그 대신 이런 질문을 던져라. "지금 알고 있는 것을 토대로 생각해봤을 때 과거로 돌아가도 이 활동을 다시 할 것 같은가?"

우선 사업을 처음부터 다시 시작할 수 있다면 제공하지 않을 서비스나 판매하지 않을 상품이 있는가? 당신이 현재 시장에 내놓는 상품과 서비스의 80퍼센트가 5년 안에 쓸모없어질 것이다. 따라서 지금은 제공하는 상품과 서비스더라도 시장 상황이 달라지면 취급하고 싶지 않은 것들이 생길지도 모른다. 이런 상품이나 서비스는 중단하거나 투자를 철수하는 것이 좋다.

과거로 돌아갈 수 있다면 사업을 하면서 다시는 고용하거나 선임하거나 임명하지 않을 사람, 함께 일하지 않을 것 같은 사람이 있는가? 회사를 운영하면서 겪는 문제 대부분은 까다로운 사람과 함께 일하느라 또는 그런 사람을 피해서 일하느라 생긴다. 지금 누가 떠오르는가?

오래가는 비즈니스 관계는 별로 없을 것이다. 따라서 이런 질문들을 던지면서 비즈니스 관계를 꾸준히 재평가할 준비가 되어 있어야 한다. 특히 관련된 문제나 답답한 일이 생기면 바로 평가해보자.

고객을 분석해라

요새 상대하는 고객 중에서 예전으로 돌아간다면 상대하고 싶지 않은 고객이 있는가? 여러 기업이 상대하기 어려운 고객을 두고 이런 질문을 던진다. 그러고는 그런 고객을 떠나보낸다. 때로는 당신이 할 수 있는 가장 현명한 일이 '고객을 해고하는 것'이다. 고객이 당신을 떠나서 자신에게 더 적합한 곳을 찾아가도록 격려해보자.

경영 활동을 평가해라

사업을 처음부터 다시 시작할 수 있다면 승인하지 않을 지출이 있는가? 그동안 겪은 일들을 토대로 오늘 결정을 내린다면 다시는 손대지 않을 공정, 절차, 활동이 있는가?

마찬가지로 과거로 돌아간다면 추진하지 않을 것 같은 광고, 마케팅, 판매 방법, 지출이 있는가? "무엇이 제대로 돌아가는가?", "무엇이 제대로 돌아가지 않는가?" 등의 질문을 끊임없이 던져야 한다.

지표에 신경 써라

그렇다면 당신이 제로 베이스 사고를 해야 하는 상황에 놓여 있는지 어떻게 알 수 있을까? 계속 스트레스를 받고 화가 나는가? 부정적인 생각이 들고 답답한가? 행복하지 않다고 느끼는가? 그러면 제로 베이스 사고가 필요한 상황이다. 이런 상황에서는 문젯거리에 관해서 끝없이 생각하고 퇴근하고 나서 가족과 함께 저녁 식사를 하면서도 그 이야기를 꺼내게 된다. 잘못하면 밤잠을 이루지 못할 수도 있다.

제대로 돌아가지 않거나 예상과 다르게 돌아가는 일이 있는가? 스트레스를 받고 금전적인 손실을 보았는가? 아니면 화가 나고 짜증이 솟구치는가? 그러면 이런 질문을 던질 때다. "지금 알게 된 것을 토대로 사업을 다시 시작할 수 있다면 그 일에 다시 손댈 것인가?"

만일 대답이 "아니오"라면 그다음에 던져야 할 질문은 이것이다. "이 상황에서 어떻게, 그리고 얼마나 빠르게 벗어날 수 있는가?"

결정을 빠르게 내려라

중요한 점을 한 가지 짚고 넘어가자. 무엇인가 문제가 생기면 결국 그 상황에서 벗어나야 할 것이다. 문제가 되는 사람을 해고하거나 해당 상품의 생산이나 서비스를 중단해야 한다. 아니면 문제가 되는 활동이나 지출을 없애거나 사업하는 방법을 달리해야 한다. 상황이 저절로 나아질 리는 없어서 결국 시간문제일 뿐이다. 경영진은 항상 어려운 상황에서 벗어나기로 어렵게 다짐하고 나중에 일이 잘 처리되면 "진작 이랬어야 했는데!"라고 후회한다.

이런 접근법을 꾸준히 적용해라

제로 베이스 사고를 은퇴하기 전까지 꾸준히 적용해야 한다. 앞으로 나아가기 위한 수단이라고 생각해보자. 이런 사고방식을 당신이 하는 모든 일과 사업의 모든 부분에 매일 적용해라. 모든 상품, 서비스, 프로세스, 절차, 사람에게 적용하면 된다.

현재 아는 것을 토대로 과거로 돌아가더라도 다시 손댈

일이 무엇인지 따져보자. 다시 하고 싶지 않은 일이 있다면
그 상황에서 최대한 빨리 벗어나라.

과거는 잊어라

1. 사업의 모든 부문에서 새로 시작할 수 있다고 생각해보자. 그러면 현재 아는 것을 토대로 다시 하지 않을 것 같은 일이 있는가?

2. 과거로 돌아간다면 사업하면서 만난 사람 중에 다시 고용하거나 임명하거나 승진시키거나 다른 식으로 엮이고 싶지 않은 사람이 있는가?

3. 과거로 돌아간다면 시장에 내놓지 않을 것 같은 상품이나 서비스가 있는가?

4. 과거로 돌아간다면 되돌리고 싶은 투자 결정이 있는가?

5. 과거로 돌아간다면 다시 추진하고 싶지 않은 사업 활동이나 공정이 있는가?

6. 과거로 돌아가서 사업을 다시 시작할 수 있다면 상대하고 싶지 않은 고객이나 시장이 있는가?

7. 사업을 다시 시작할 수 있다면 회사를 운영하면서 내린 비즈니스 결정 중에 되돌리고 싶은 것이 있는가?

제3장

기본적인
비즈니스 분석을 시도해라

"올바른 질문을 던지는 것은

올바른 대답을 내놓는 것만큼이나

어려운 일이다."

– 로버트 하프(Robert Half)

종합 건강 검진을 받으러 가면 의사와 간호사들이 특정한 절차에 따라 검사를 실시한다. 처음에는 전반적인 건강 상태를 알아보려고 생체 기능을 확인한다. 그러고 나면 맥박, 체온, 혈압, 호흡률을 측정한다. 그 다음에는 혈액, 소변, 대변 검사를 진행한다. 더 포괄적인 검사에서는 심장, 폐, 결장 등 다양한 신체 부위의 건강도 살펴본다. 몸이 얼마나 건강한지 명확하게 파악하기 위해서다. 검진을 마치면 의료진은 당신의 전반적인 건강과 몸 상태를 정확하게 알게 된다.

이와 마찬가지로 회사 상태를 알아보는 데 필요한 질문들이 있다. 회사를 운영하는 한 이런 질문들을 계속 던지고 답을 찾아야 한다. 사업 환경이 격변할수록 이런 질문을 정확하게 던지고 답하는 것이 더 중요해진다.

기본적인 질문부터 던져라

비즈니스 분석의 출발점은 바로 이 질문이다. "내가 어떤 비즈니스를 하고 있는가?" 내가 어떤 비즈니스 분야에 몸담고 있는가? 내가 실제로 몸담은 분야가 무엇인가?

여러 기업이 일상적인 업무에 신경 쓰기 바빠서 기업의 실질적인 존재 이유를 잊어버린다. 특정한 목적을 달성하거나 특정한 고객층을 위해 특정한 서비스를 제공하려고 사업을 한다는 사실을 잊는다.

예를 들면 옛날에 철도 회사들은 자기들이 철도 분야에 종사한다고 생각했다. 하지만 실제로는 운송 분야에 종사하는 것이었다. 자신이 속한 비즈니스 분야를 착각하는 바람에 철도 회사들은 해운업, 트럭 운송업계, 항공업계를 견제할 기회를 완전히 놓쳐버렸다. 결국 이런 업계에 시장을 빼앗기고 파산하게 된 철도 회사가 많다.

나도 처음에 강연을 시작할 때만 해도 내가 '트레이닝' 분야에 몸담고 있다고 생각했다. 하지만 곧 내가 '목표 달성 비즈니스'를 한다는 사실을 깨달았다. 내가 운영하는 회사는 사람들이 개인적인 목표나 사업상의 목표를 더 빨리 달성하도록 돕는다. 나는 고객이 더 나은 결과를 얻기 위해 당장 사용할 수 있는 실용적인 아이디어를 제공하려고 한다.

이런 깨달음 덕택에 나는 강연과 세미나만 다니다가 음성과 영상 녹음, 책, 트레이닝 프로그램, 인터넷 기반 e-러닝으로 영역을 넓혔다. 나는 다양한 주제를 다루고 '터보 전략 프로세스'의 개발과 프레젠테이션도 맡아서 한다.

고객을 핵심 요소로 여겨라

그다음에 던지고 정확하게 대답해야 할 질문은 바로 이것이다. "내가 상대하는 고객이 누구인가?" 요새 당신에게서 물건을 사는 사람이 누구인가? 당신의 고객을 상세하게 묘사해보자. 이상적인 고객의 나이, 연봉, 교육, 지위, 태도, 거주 지역, 관심사가 어떻게 되는가? 이런 질문들에 대한 답을 확실하게 모르는 기업이 많다. 기껏해야 고객의 심리적·인구 통계학적 특징에 관한 불분명한 그림을 그리는 것이 전부다.

현재의 추세가 이어진다면 앞으로 어떤 고객이 찾아올 것인가? 향후 시장에서 성공을 거두려면 어떤 고객을 유치해야 하는가? 당신이 상품이나 서비스를 바꾸거나 개선한다면 어떤 고객이 찾아올 것 같은가? 이런 질문들에 대한 답을 생각해봐야 한다.

다른 사람보다 잘하는 것을 찾아라

당신이 그다음에 던질 질문은 "고객이 나를 찾는 이유가 무엇인가?"이다. 고객이 당신과 거래를 해서 어떤 가치, 혜택, 성과, 차별점을 얻게 되는가? 당신의 상품이나 서비스를 통해 얻을 수 있는 다양한 혜택 중에서도 고객이 가장 중요하게 여기는 것은 무엇인가? 그것이 무엇인지 알고 있는가? 이 특별한 혜택을 정의하고 홍보하는 능력이 경쟁 우위를 확보하고 시장에서 성공하는 데 필요한 열쇠다.

당신은 "우리가 특별히 잘하는 것이 무엇인가?"에 대한 해답을 찾아야 한다. 당신이 그 어떤 경쟁자보다도 잘하는 것이 무엇인가? 어떤 면에서 뛰어난가? 고객이 한 회사에서만 상품이나 서비스를 사면 그것은 어떤 식으로든 그 회사가 다른 회사들보다 뛰어나다고 느끼기 때문이다. 당신의 회사가 어떤 부문에서 우수한가?

제너럴 일렉트릭(General Electric)의 잭 웰치(Jack Welch)는

이런 유명한 말을 남겼다. "경쟁 우위가 없으면 경쟁하지 마라." 그의 철학은 GE사가 경쟁하는 모든 시장 부문에서 1, 2위를 다투지 못하면 그 시장에서 발을 뺀다는 것이었다.

그렇다면 당신의 회사는 지금 시장에서 1위나 2위를 차지하는가? 그것이 실천할 수 있는 목표인가? 시장에서 1, 2위를 차지하기 위해서 어떤 계획을 세우고 있는가? 이런 질문을 던지면서 구체적인 계획을 세워보자.

경쟁자가 누구인지 파악해라

그다음에 던질 질문은 "누가 나의 경쟁자인가?"이다. 이 질문은 제10장에서 자세히 살펴볼 것이다.

경쟁 상대가 누구인지 파악했으면 잠재 고객이 당신이 아니라 경쟁자들을 찾는 이유도 따져봐야 한다. 고객이 경쟁자들에게서 어떤 가치나 이득을 얻는다고 생각하는가? 고객의 이런 인식을 어떻게 바꿀 것인가?

명확한 목표를 세워라

사업을 분석할 때 "내가 달성하려는 목표는 무엇인가?"라는 질문을 던져야 한다. 당신이 성취하려는 바가 무엇인가? 목표가 명확하다면 당신이 목표를 이루지 못하게 방해하는 것이 무엇인가? 비즈니스와 사생활의 모든 부분에서 명확하고 측정 가능하고 기간이 정해진 목표가 있어야 한다. 목표는 적어두는 것이 좋다. 단기, 중기, 장기적인 목표가 필요하다. 각각의 목표는 달성하는 데 필요한 계획과 함께 꼭 적어두자. 눈에 보이지 않는 목표물을 맞힐 수는 없다.

당신이 하루나 일주일 동안 하는 모든 일을 분석해라. 20퍼센트의 노력만으로 성과의 80퍼센트 이상을 올릴 수 있는 활동이 무엇인가? 때로는 (활동을 공격적으로 추진한다면) 10퍼센트의 노력만으로도 성과의 90퍼센트를 올릴 수도 있을 것이다. 그런 활동에는 무엇이 있는가?

행동 지향적인 면모를 보여라

이런 질문들에 대한 답으로 당장 어떤 행동을 취해야 하는가? 매출을 올리고 시장에서의 입지를 개선하기 위해서 곧바로 해야 하는 행동이 무엇인가?

"애초에 내가 사업을 왜 하는가?"도 상당히 좋은 질문이다. 당신의 회사가 존재하는 이유가 무엇인가? 회사가 어떤 사회적인 목적을 실현하는가? 사업을 그만둔다면 사회가 어떤 타격을 입을 것인가?

매년 정부 조사 위원회 앞에서 회사가 계속 존재해야 하는 이유를 설명해야 한다고 상상해보자. 그러면 그 자리에서 어떤 말을 할 것인가? 회사의 존재를 정당화하기 위해서 당신의 회사가 고객의 삶이나 일에 어떤 식으로 도움이 되고 어떤 변화를 불러일으키는지 설명할 수 있는가?

지금까지 살펴본 질문들이 비즈니스를 하면서 정기적으로 묻고 답해야 할 핵심 질문이다. 당신 자신에 관해서도 이런 질문들을 던지는 것이 좋다. 어떤 질문에 대해서든 답이 불분명하거나 정확하지 않다면 회사가 위험에 처한 것일지도 모른다.

기본적인 비즈니스 분석을 시도해라

1. 당신의 사업 목표가 무엇인가? 당신이 성취하려는 바가 무엇인가?

2. 당신의 이상적인 고객은 누구인가? 이상적인 고객을 상세하게 묘사해라.

3. 고객이 당신을 찾는 이유가 무엇인가? 경쟁자들과 달리 당신이 어떤 혜택이나 이득을 제공하는가?

4. 어떤 비즈니스 분야에 실제로 몸담고 있는가? 당신이 고객을 위해서 무엇을 하는지, 그리고 어떤 결과를 얻는지 따져보고 당신의 사업을 묘사해라.

5. 당신이 얻는 결과의 80퍼센트를 끌어내는 20퍼센트의 활동이 무엇인가?

6. 당신의 경쟁 우위는 무엇인가? 당신은 어떤 분야에서 뛰어난가? 당신이 90퍼센트 이상의 경쟁자보다 잘할 수 있는 것이 무엇인가?

7. 위의 질문들에 답하기 위해서 당장 취해야 할 행동이 무엇인가? 행동은 구체적이고 측정 가능해야 한다.

제4장

원하는 것을
확실하게 정해라

"말과 행동으로 자신이 갈 길을 증명하는 사람에게

세상은 반드시 길을 열어 준다."

– 나폴레온 힐(Napoleon Hill)

터보 전략은 당신이 비즈니스의 핵심 영역에서 성취하고 싶은 것이 무엇인지 확실하게 결정하는 데서 출발한다. 각 부문에서의 목표를 알고 나면 목표에 닿기 위한 최고의 전략을 세울 수 있다.

GOSPA 모델

GOSPA 모델은 전략적인 계획을 수립할 때 가이드로 삼기 좋다. 이 다섯 가지 핵심 사고 도구는 성공적인 경영의 기초를 형성한다.

목표를 정하고 시작해라

GOSPA의 첫 번째 글자인 G는 Goals(목표)를 나타낸다. 목표란 당신이 최종적으로 얻길 원하는 결과이자 특정 사업 연도에 또는 계획한 기간 내내 노리는 것이다. 목표는 매출, 이익, 성장률, 시장 점유율, 자산수익률(ROA), 자기 자본, 투자와 관련이 있고 항상 측정 가능해야 한다. 그렇다면 당신의 목표는 무엇인가?

계단을 하나씩 올라가라

GOSPA의 두 번째 글자인 O는 Objectives(목적)를 나타낸다. 목표를 달성하는 데 필요한 하위 목표나 단계를 말한다. 위로 올라갈 때 타는 사다리의 가로대 같은 것이다.

비즈니스의 목적은 홍보에 대한 구체적인 수익률, 특정한 상품과 서비스의 매출 수준, 실어 나르고 청구서를 보낸 물건의 개수, 수금 금액, 특정한 활동에 대한 비용 수준 등을 말한다. '더 낮은 불량률'이나 '고객 1인당 매출량 늘리기'는 회사의 주요 목표를 달성하는 길에 놓인 작은 목적이 될 수 있다. 당신의 목적은 무엇인가?

목적 달성을 위한 전략을 세워라

세 번째 글자인 S는 Strategies(전략)를 나타낸다. 전략은 작은 목적을 넘어 최종 목표로 향하는 데 필요한 다양한 접근법을 말한다. 예를 들어 특정한 수익률을 달성하려면 특정한 시장에서 특정한 방법으로 특정한 양의 상품과 서비스를 생산하고 판매해야 한다. 이런 목적을 달성하는 방법은 많다. 당신이 선택하는 방법이 곧 전략이 되며 사업의 성패를 좌우할 수 있다.

당신은 직접 생산하고 마케팅하고 판매하고 배송하는가? 아니면 공정 일부를 아웃소싱하는가? 고객에게 직접 판매하는가? 아니면 소매, 광고용 우편물, 카탈로그, 인터넷을 이용하는가? 다른 업체보다 비용을 더 많이 청구하는가 더 적게 청구하는가? 할인을 해주는가? 업셀링(up-selling: 업그레이드 등을 통해서 고객이 더 고가의 상품이나 서비스를 선택하도록 유도하는 판매 방식-역주)이나 크로스셀링(cross-selling: 끼워팔기- 역주)을 하는 편인가? 진입하는 시장이 있고 포기하는 시장이 있는가? 당신의 전략은 무엇인가? 전략이 효과가 있는가? 이런 질문들에 대한 답을 꼼꼼히 살펴보자.

우선 순위를 따져 계획해라

네 번째 글자인 P는 Plans(계획)를 나타낸다. 계획은 당신이 목표를 달성하는 데 필요한 설계도의 역할을 한다. 계획을 세울 때는 당신이 정확하게 무엇을 할 것인지를 단계별로 정리해야 한다. 지금 있는 곳에서 나아가고 싶은 곳까지 가려면 매일 할 일을 정해 두자. 순서와 우선순위에 따라서 정리하면 된다.

어떤 일은 다른 일이 선행되어야만 수행할 수 있다. 목표나 목적을 달성하는 데 더 중요한 역할을 하는 일도 있고 덜 중요한 일도 있다. 계획을 세울 때 순서와 우선순위를 따지면 더 적은 시간을 들여서 더 많은 것을 이뤄낼 수 있다.

비즈니스 라이프는 끊임없이 이어지는 프로젝트의 연속이라고 봐도 과언이 아니다. 프로젝트는 여러 일로 구성된 작업이라고 정의할 수 있다. 더 큰 일을 해내려면 제대로 해내는 작은 일들이 모여야 한다. 점점 커지고 더 복잡해지는 이런 일을 계획하고 조직하고 완수하는 능력이야말로 당신이 어떤 분야에 있든 성공에 필요한 가장 중요한 요소다.

시간에 맞춰 행동해라

마지막 글자인 A는 Actions(행동)를 나타낸다. 행동은 계획을 수행하는 데 필요한 특정한 업무를 뜻한다. 당신이 목표를 달성하고 목적을 이루기 위해서는 이런 계획을 바탕으로 전략을 세워야 한다.

중요한 일은 항상 명확하고 측정 가능하며 마감 시한이 정해져야 한다. 그런 업무는 일을 똑바로 할 자격을 갖춘 특정인에게 배정되어야 하며 기간과 예산도 맞춰야 한다. 측정할 수 있으면 완수할 수 있는 일이다.

수익성에 초점을 맞춰라

터보 전략의 핵심 목표는 현금 유동성을 높이고 수익을 늘리는 것이다. 사업에 투자해서 얻는 수익을 늘려야 한다.

이 전략의 목표는 현금 유동성과 수익성의 측면에서 전략 없이 또는 당신이 예전의 전략을 사용했을 때보다 나은 성과를 거두는 것이다. 한마디로, 현재 사업을 하는 방식을 통해서 지금보다 돈을 더 많이 버는 것이 목표다.

비즈니스의 성공에 필요한 필수 자원인 인력, 자본, 능력은 항상 한정되어 있다. 그래서 자원을 중요한 곳에 집중해서 최대의 수익을 올려야 한다. 전략을 잘 세우면 이런 일이 가능해진다.

비즈니스를 업그레이드할 수 있는 네 가지 방법

전략을 세우려면 네 가지 영역에서 어려운 결정을 내려야 한다.

첫째로 어떤 일을 더 많이 할지 결정해야 한다. 무엇이 제대로 돌아가는가? 무엇이 잘 팔리는가? 어떤 상품, 서비스, 활동이 수익성이 가장 좋은가?

둘째로 어떤 일을 더 적게 할지 결정해야 한다. 무엇이 제대로 돌아가지 않는가? 무엇이 성장과 수익성에 도움이 거의 안 되는가? 오늘날의 시장과 고객층을 생각했을 때 무엇을 그만두거나 없애야 하는가? 성과로 거의 이어지지 않는 영역에 드는 비용을 어떻게 줄일 수 있는가? 이런 질문들을 던지면 도움이 될 것이다.

셋째로 지금 하고 있지 않은 일 중에서 어떤 것을 새로 시작할 것인가? 매출을 늘리고 수익성을 높이기 위해서 어떤 새로운 상품, 서비스, 활동을 도입할 것인가? 비즈니스 활동을 개선하고 능률화하기 위해서 어떤 일을 새로 시작할 것인가?

마지막으로 어떤 일을 중단할 것인가? 시간과 자금이라는 중요한 자원은 늘 한정되어 있다는 사실을 잊지 마라. 특정한 활동들을 중단하는 것이 성과를 개선할 수 있는 유일한 방법이다. 그러고 나면 그런 자원을 사업상의 성과를 더 많이 올리는 영역에 투입할 수 있을 것이다.

명확성은 전략이 성공하는 데 필요한 핵심 요소다. 당신이 누구인지, 그리고 무엇을 성취하고 싶은지 확실하게 알아내는 데 시간을 많이 들이자. 그 시간이 길어질수록 수익도 더 오르고 더 큰 성공을 거둘 수 있을 것이다.

원하는 것을 확실하게 정해라

1. 사업의 매출과 수익성 측면에서 측정 가능한 장기 목표가 무엇인가? 목표를 구체적으로 적어보자.

2. 목표를 달성하려면 매출, 직원 채용, 생산, 배송, 고객 개발에 관한 구체적인 목적을 어떻게 세워야 하는가?

3. 목적을 이루고 목표를 달성하는 데 쓸 수 있는 여러 방법을 생각해보자. 오늘날의 시장에서 당신이 선택할 수 있는 최고의 전략이 무엇인가?

4. 어떤 일을 더 해야 하는가? 매출을 늘리고 수익성을 높이려면 어떤 활동에 초점을 맞춰야 하는가?

5. 현재의 경험을 토대로 생각했을 때 어떤 일을 덜 해야 하는가? 무엇이 제대로 돌아가지 않는가?

6. 요새 하지 않는 일 중에서 새로 시작해야 하는 일이 무엇인가? 당신에게 주어진 기회는 어떤 것이 있는가?

7. 잠시 중단하거나 아예 그만둬야 하는 일은 무엇인가? 자원이 자유로워지면 수익성이 더 높은 활동에 투입할 수 있어서 좋다.

제5장

이상적인 미래를 설계해라

“우리는 내면에

우리가 원하는 그림을 만들어내는

능력과 힘을 타고났다.

이런 그림은 우리가 놓인 환경의

외부 세계에 자동으로 새겨진다.”

– 존 맥도널드(John McDonald)

나는 얼마 전에 1,720억 달러짜리 회사의 고위 간부들에게 경영 전략 수립에 관해 가르쳤다. 그 회사는 상당히 어려운 시간을 보내고 있었다. 변화, 경쟁, 새로운 정부 규제 때문에 골머리를 앓고 있었다. 일시 해고, 해고, 인력 감축, 투자 회수 등 다양한 방법을 이미 시도한 후였다. 내 고객이었던 고위 간부들은 최근의 위기에서 살아남은 사람들이었다. 하지만 유혈 사태는 아직 끝나지 않은 상황이었다. 모두 미래를 걱정했고 현재에 집중하기도 어려웠다.

5년 뒤의 모습을 상상해라

나는 간부들이 집중할 수 있게 내가 '이상화(idealization)'

라고 부르는 과정으로 강연을 시작했다. 이 과정에서는 간부들이 '5년짜리 환상'을 만들게 했다. 당신도 똑같이 해보길 바란다.

"지금의 상황은 잠시 잊어버립시다." 나는 이렇게 제안했다. "그 대신 이 회사가 모든 면에서 완벽해진다면 5년 뒤에 어떤 모습일지 생각해보세요."

이런 연습을 통해서 간부들은 현재 쌓여 있는 문제들은 잠시 제쳐두고 미래의 가능성에 관해 생각하는 데 집중할 수 있었다.

간부들은 한 명씩 돌아가면서 회사가 완벽하다면 어떤 모습일 것 같은지 자신의 의견을 들려줬다. 나는 아이디어를 전부 커다란 종이에 적어서 벽에 한 장씩 붙였다. 모두가 볼 수 있길 바랐기 때문이다. 그랬더니 30분도 채 지나지 않아서 회사의 이상적인 모습에 관한 설명이 벽에 스물일곱 개나 붙었다.

의견이 많이 모이자 투표를 했다. 그러고는 우선순위에 따라 의견을 정리했다. 그 결과 명확한 목적이 많아졌다. 높은 수익성, 높은 시장 인지도, 높은 주가, 뛰어난 리더십, 만족스러운 고객 서비스, 쾌적한 근무 환경, 최고의 경영, 빠른 성장률, 해당 산업에서의 훌륭한 명성 등이 있었다.

가능성의 측면에서 생각해라

그러고 나서 나는 이런 질문을 던졌다. "이런 목표를 실현할 수 있을까요?" 그랬더니 한 명씩 이런 목표가 전부 5년 안에 실현 가능하다고 인정했다. 1~2년 안에는 어려울지 몰라도 5년 뒤에는 자신들의 의지와 투지 덕택에 전부 성취할 수 있으리라는 설명이었다.

강연을 마치고 나니 모두가 활력을 얻은 것처럼 보였다. 간부들은 5년 뒤 꿈의 모습을 채워줄 목표 중 한 가지 이상을 위해 일하려는 의지가 공고해졌다. 그 후로 2년에 걸쳐서 그 회사는 조직을 완전히 개편했다. 어떤 활동은 더 많이 했고 어떤 활동은 덜 했다. 과거에 하지 않았던 활동을 하기도 했고, 어떤 활동은 아예 그만두기도 했다. 고위 간부들은 회사의 운명을 완전히 통제했고 그것을 바꾸는 데 성공했다.

미래에 관해서 생각해라

미래 지향적인 사고는 경영 전략 수립과 전략적인 사고 방식의 핵심 요소다. 분야를 막론하고 간부와 지도자는 미래 지향적인 사고를 할 책임이 있다. 리더만이 미래에 관해 생각할 수 있다. 리더만이 닥칠 미래에 대비해서 계획을 세울 수 있다. 리더를 제외하고는 그런 일을 할 수 있는 사람이 회사에 아무도 없다. 따라서 리더가 자신의 업무로 여기고 꾸준히 미래에 관해 생각하고 미래를 위한 계획을 세우지 않으면 아무도 그 일을 하지 않을 것이다.

알래스카에는 이런 말이 있다. "썰매를 맨 앞에서 끄는 썰매견만이 다른 시각으로 세상을 본다."

회사의 고위 간부들이 미래에 관해서 얼마나 자주, 그리고 얼마나 똑부러지게 생각하는지가 사업의 성패를 크게 좌우한다. 어디로 향하고 있는지 모른다면 아무 길이나 가게 될 것이다.

미래 지향적인 사고의 질을 높이려면 회사가 미래에 어떤 이미지일지 상상해봐야 한다. 3~5년 후에 회사가 모든 부문에서 완벽해진다고 생각해보자. 그때 상품을 얼마나 팔고 수익을 얼마나 올리고 있을지 구체적으로 정해보자. 이상적인 주가, 시장에서의 평판, 근무 환경, 인력 환경이 무엇인지 생각해보면 된다.

미래에서 과거를 돌아보라

이상적인 미래에 관한 명확한 그림이 완성되면 현 상황으로 돌아오자. 그러고 나서 오늘 당장 무엇을 해야 내일의 비전을 오늘의 현실로 만들 수 있을지 생각해봐야 한다. 이것을 '미래에서 과거를 돌아보는 사고(back-from-the-future thinking)'라고 부른다.

언젠가 당신의 꿈을 실현하려면 어떤 일이 일어나야 하는지 목록을 만들어보자. 미래에서 과거를 돌아보면 우리의 시각이 달라진다는 점이 놀랍다. 마치 산꼭대기에서 저 아래 계곡에 있는 자신을 내려다보면 정확히 어떤 경로로 이동해야 산꼭대기까지 올 수 있는지 알게 되는 식이다.

리더에게는 비전이 있다

제임스 맥퍼슨(James McPherson)이 검토한 리더 관련 연구 3,300건에 따르면 모든 리더가 지닌 단 하나의 특징은 비전이 있는 것이라고 한다. 맥퍼슨은 여러 시대에 활약한 리더들 간의 공통분모를 찾으려고 노력했다. 그 결과 리더는 비전이 있고 리더가 아닌 사람은 비전이 없다는 결론이 나왔다.

비전이 있는 사람이 되려면 상상하고, 정의하고, 분명하게 설명하고, 공유할 줄 알아야 한다. 미래에 관한 흥미진진한 그림을 동원해서 다른 사람들에게 영감을 불어넣을 줄도 알아야 한다. 모두가 이 비전을 실현하는 데 전념하고 이것을 위해 매일 달리도록 설득해야 한다. 이것이 훌륭한 리더십과 위대한 기업을 만드는 핵심 요소다.

아리스토텔레스(Aristotles)는 "내가 반복적으로 하는 행동이 곧 나를 정의한다"라는 말을 남겼다. 이렇듯 리더가 되려면 리더처럼 생각해야 한다. 비즈니스에서든 사생활에서든 마찬가지다. 미래에 관해서 생각하고 미래를 어떻게 현재의 현실로 바꿀지 생각해야 리더가 될 수 있다.

흥미진진한 비전을 제시해라

성경에 이런 구절이 있다. "꿈이 없는 백성은 망한다." 백성이 죽는다는 뜻은 아니고 낙담한다는 뜻이다. 직장에서도 똑같다. 꿈이 없는 직원은 일에 전념하지 못하며 최선을 다하려는 열의도 식어버린다. 경영자가 회사에 관한 흥미진진

4차 산업 혁명 시대,
인공지능 시대를 대비할
600여 가지 진로 직업 체험 학습 만화

마법처럼 꿈이 이루어지는
job? 시리즈

낱권 정가 12,800원 | 스페셜 20권 세트 정가 256,000원 | 40권 세트 정가 512,000원

공부보다 중요한 것은 꿈을 찾는 것

전국 6,000여 개의 초중등학교 선생님이 선택하고, 부모님과 아이 모두가 만족하고 좋아하는 학습 만화로 출간 즉시 베트남, 인도네시아로 판권을 수출한 《job?》시리즈는 '바라고 꿈꾸는 것을 이루기 위해 줄기차게 노력하면 반드시 꿈은 이루어진다'는 교육 철학을 담았다. 재미있는 만화로 직업을 탐험하고, 워크북을 통해 직업을 간접 체험하며, 재능을 발견하여 꿈을 찾도록 돕는다.

한 그림을 명확하게 제시하지 못하면 직원들은 해고당하지 않을 정도로만 일을 억지로 하게 된다.

안타깝게도 비전이 전혀 없는 회사가 많다. 초기에는 아무도 해본 적 없는 무엇인가를 성취하겠다는 신나는 비전이 있었을지도 모른다. 하지만 시간이 흐르면서 격변하는 시장에 시달리다가 회사의 존재 이유가 무엇인지 잊어버렸다. 고객의 생활과 일에 의미 있는 변화를 불러오겠다는 신념을 망각한 것이다.

핵심 결정권자들이 회사의 비전을 꾸준히 정의하고 설명하는 대신 일상 업무에 초점을 맞추고 있다. 회사의 생존에 관해서만 생각하는 것이 문제다. '비전 같은 것'에 신경 쓸 시간이 없다는 말을 할 정도다. 당장 급한 불을 끄기 바쁜 것이다.

하지만 변화가 빠르게 나타나고 시장이 격변하는 시기에 미래에 관한 흥미로운 비전이 그 어느 때보다도 중요해진다. 비전이 사람들을 굳건한 하나의 팀으로 묶는 역할을 할 수 있기 때문이다. 비전이 생기면 연봉 인상이 어려운 시기에도 직원들에게 일하는 의미와 목적을 심어줄 수 있다.

최고가 되자

조직의 비전을 발전시키는 방법은 많다. 회사를 위한 최고의 비전은 두 가지 조건을 충족해야 한다.

첫 번째 조건은 비전의 초점이 고객에게 맞춰져야 한다는 것이다. 회사는 고객의 생활이나 일을 어떤 식으로든 개선할 수 있도록 무엇인가를 해야 한다.

두 번째 조건은 뛰어난 품질을 위해 전념하는 태도가 비전에 반영되어야 한다는 것이다. 고객을 위해서 무엇을 하든 최고가 되겠다는 신념이 있어야 한다. 비전을 세울 때는 이런 조건들을 반드시 충족시키자.

당신의 비전은 고객을 위해 하는 가장 중요한 일에서 "최고가 되자!"여야 한다. 고객의 눈에 당신이 특정한 상품, 서비스, 활동에서 뛰어나 보여야 한다. 당신이 고객을 위해서 하는 일 중 한 가지에서 두각을 드러낼 수 있다고 상상해보자. 그게 무엇일까? 이 질문의 답이 당신의 미래를 완전히 뒤바꿀 사업을 위한 비전을 만드는 출발점이 될 수 있다.

당신의 비전을 찾아라

당신을 위한 비전도 있어야 한다. 당신이 5년 후에 어떤 삶을 살고 있을지 상상해보자. 만일 미래가 모든 면에서 완벽할 수 있다면 어떤 모습일 것 같은가? 당신의 연봉, 소속 회사나 소속 분야에서의 입지, 가정, 건강, 일을 비롯한 삶의 모든 부분이 모든 면에서 이상적이라면 현재와 어떤 차이가 있을지 생각해보자.

당신과 회사의 비전이 확실해지면 딱 한 가지 질문만 던지면 된다. "어떻게 해야 비전이 현실이 될 수 있을까?" 능력이 뛰어난 사람들은 '어떻게'에 관해서 꾸준히 생각한다. 무엇을 할 수 있는지, 어떤 행동을 취할 수 있는지 생각하는 것이다.

비전을 명확하게 정하고 그것을 실현하기 위해 '무엇을' 해야 하는지 결정하자. 그러고 나면 이상적인 미래를 향해 다가갈 수 있도록 무엇인가를 매일 하면 된다. 당신의 운명을 스스로 통제해야 한다.

드러커가 말했듯이 "미래를 예측하는 최고의 방법은 미래를 직접 창조하는 것이다." 그 출발점이 바로 비전이다.

이상적인 미래를 설계해라

1. 당신의 회사는 어떤 비전이 있는가? 회사가 모든 면에서 이상적인 상황을 상상해보자. 어떤 모습이 그려지는가?

2. 당신은 개인적으로 어떤 비전이 있는가? 만일 삶과 일이 모든 면에서 이상적이라면 어떤 모습일 것 같은가?

3. 사업의 모든 분야가 완벽하다고 상상해보자. 만일 당신의 상품, 서비스, 매출, 수익률이 완벽하다면 현재와 어떤 차이가 있는가?

4. 함께 일하는 사람들도 완벽하다고 상상해보자. 직원들이 기술, 능력, 성격, 성과 면에서 이상적이라면 현재와 어떤 차이가 있는가?

5. 유명한 잡지에 당신의 회사에 관한 기사가 실린다고 상상해보자. 기사에 어떤 내용이 들어가길 바라는가?

6. 5년 후를 상상해보자. 그러고 나서 그 시점에서 현재를 돌아본다고 생각해보자. 오늘 무엇을 바꿔야 이상적인 미래를 만들 수 있는가?

7. 당신의 회사가 '최고'라고 널리 알려지려면 어떤 분야를 공략해야 매출과 수익에 가장 큰 도움이 될 것인가? 그런 명성을 얻기 위해서 당장 시작할 수 있는 일이 무엇인가?

제6장

사명서를 작성해라

"꿈을 향해 자신 있게 나아가고

자신이 상상한 삶을 살려고 노력한다면

평소에 미처 예상하지 못한

성공을 마주하게 될 것이다."

– 헨리 데이비드 소로(Henry David Thoreau)

빅토르 프랑클(Viktor Frankl)은 아우슈비츠 수용소 생존자이자 로고테라피(Logotherapy)의 창시자다. 그는 평생에 걸쳐 연구하고 경험한 끝에 개인의 가장 심오한 욕구는 삶의 의미와 목적을 찾고 싶은 것임을 깨달았다. 배경이 다양한 여러 사람으로 구성된 회사도 마찬가지다.

사명은 어떤 회사든 반드시 갖춰야 할 요소다. 사명이 직원들에게 일하는 의미와 목적을 부여하기 때문이다. 사명은 직원들을 이끌어주고 그들에게 방향을 제시한다. 애사심을 키워주고 직원들이 일에 전념할 수 있게 돕기도 한다. 사명은 직원들이 누구이며 어떤 가치를 대표하는지 알게 해준다. 사명이 있어야 직원들이 비즈니스 활동을 하고 일을 매일 하는 이유가 생기고 어디에 초점을 맞춰야 하는지 알 수 있다.

포부와 목적을 담아라

사명은 회사의 포부와 목적을 표현한 것이다. 회사가 존재하는 이유가 사명에 담겨야 한다. 현재의 시점에서 봤을 때 회사가 어떤 조직이 되길 원하는지, 그리고 미래에 무엇을 성취하고 싶은지 선언하면 된다. 사업을 하는 근본적인 이유를 표현해보자.

사명은 회사의 비전과 가치에 바탕을 두며, 사명에는 회사의 미래가 구체적으로 표현되어야 한다. 그래야 회사가 목표를 어느 정도 달성했는지 알 수 있다.

추구하는 가치를 정해라

사명을 만들려면 우선 회사가 추구하는 가치가 무엇인지 정해야 한다. 가치는 일의 체계를 세우는 데 필요한 원칙이다. 우리는 가치를 중심으로 삶을 구성하고 결정을 내린다. 우리가 중시하는 가치가 우리라는 존재의 중심에 있으며, 우리가 어떤 사람인지 정의해주는 것도 가치다. 시간이 지나면서 외부 세계가 우리의 내면을 반영하게 된다. 구약 성서에 나오듯이 사람은 그가 마음속으로 생각하는 대로 된다.

비즈니스에서 큰 성공을 거두는 사람과 그러지 못하는 사람 사이에는 커다란 차이가 한 가지 있다. 최고의 사업가는 자신이 내세우는 가치를 분명하게 안다. 자신이 누구인지, 그리고 무엇을 대표하는지 명확하게 이해한다. 그런 사람은 무엇을 대표하지 않을지도 알고 옳고 그름에 대한 생각도 뚜렷하다. 그런 사람은 자신감도 있고 자신이 중시하는 가치를 바탕으로 내린 결정은 타협하지 않는다.

그렇다면 당신이 추구하는 가치는 무엇인가? 당신의 회사가 내세우고 대표하는 가치 3~5개를 꼽아보자.

여러 기업과 전략적인 계획 수립에 관한 작업을 많이 하다 보면 똑같은 가치들이 계속 언급되는 것을 보게 된다. 그중 가장 흔한 것들은 진실성, 품질, 우수성, 고객 서비스, 사람을 존중하는 마음, 수익성, 혁신, 높은 자존감 등이다.

정해진 가치대로 행동해라

IBM의 회장이었던 토머스 왓슨 주니어(Thomas J. Watson, Jr.)는 IBM에 관한 책 『회사, 그리고 회사가 내세우는 신념(A

Business and Its Beliefs)』(국내 미출간)에서 IBM의 창립 가치 세 가지를 언급했다. 바로 '우수성, 양질의 서비스, 사람을 존중하는 마음'이다.

이 세 가지 가치는 IBM이 비즈니스를 시작한 첫날부터 회사를 이끌어줬다. IBM에 다니면서 이 세 가지 원칙만 어기지 않는다면 거의 모든 실수를 용서받을 수 있었다. IBM에서 일하는 직원들은 직장에서, 그리고 고객을 대할 때 이런 가치를 실천으로 옮기는 것을 자랑스럽게 여겼다. 이 세 가지 가치는 IBM이 위대한 기업으로 성장하는 데 큰 역할을 했다.

자신이 어떤 가치를 중요하게 생각하는지가 명확해지면 각각의 가치를 구체적인 행동과 태도로 변환하면 된다. 예를 들면 가치 중 하나가 진실성이라고 가정해보자. 진실성은 이런 식으로 정의할 수 있을 것이다. "우리는 회사 안팎에서 만나는 모든 사람을 정직하고 솔직하게 대한다. 우리는 직원, 고객, 공급업자, 은행가, 정부 기관을 상대할 때 공정하다는 평판을 얻고 그것을 유지하기 위해 항상 노력한다."

그러고 나면 진실성이 핵심 요소로 작용하는 결정을 내릴 때마다 가치 성명서를 다시 살펴보고 지침을 따르면 된다. 어느 고객이 제법 심오한 말을 한 적이 있는데, 나는 그

말을 잊은 적이 없다. "진실성은 그 자체를 가치라고 보기는
어려운 것 같습니다. 그보다는 다른 모든 가치를 보장해주
는 가치인 것 같아요."

목표 달성을 위한 구체적인 사명서를 적어라

자신이 추구하는 가치가 명확해졌다면 이런 가치를 바탕
으로 사명서를 작성하자. 처음에는 가치가 3~5개면 충분하
니까 부담을 느낄 필요는 없다. 사명서에 어떤 회사가 되고
싶은지, 회사가 무엇을 성취하길 원하는지, 임무를 달성하기
위해서 어떤 마음가짐으로 임할 것인지 적으면 된다.

예를 들면 이런 식이다. "우리는 진실성을 높이 평가하는
기업이며 직원과 고객에게 충성을 다한다. 우리의 사명은 고
품질 안보 시스템 분야에서 전국 1위를 차지하는 것이다. 판
매량과 수익성으로 성과를 인정받고 미국의 여러 가정과 가
족에게 보탬이 되길 바란다."

사명서에는 반드시 어떤 식으로든 척도를 제시해야 한다.
그래야만 진전이 얼마나 있는지 가늠해볼 수 있다. 만일 목
표가 '전국 1위'가 되는 것이라면 매달, 그리고 매년 물건을

얼마나 팔아야 해당 업계에서 1위를 할 수 있을지 따져봐야 한다.

렉서스(Lexus)와 인피니티(Infiniti)는 둘 다 미국 자동차 시장에 진입하면서 JD 파워 고객 만족도 조사(JD Power Customer Satisfaction Survey)에서 1위를 차지하는 것을 사명으로 삼았다. 두 기업은 시장에 진입한 지 3년 만에 JD 파워 어워즈에서 공동 1위에 올랐다. 목표를 달성하고 임무를 완수한 것이다.

다른 사람들과 함께해라

사명서를 작성하고 수정하는 데 사람이 많이 참여할수록 직원들이 그 사명에 따라 더 열심히 일할 것이다. 직원들이 회사의 가치에 관한 의견과 아이디어를 낼 수 있는 회의를 열어보자. 가치를 두고 논의도 해보고 투표도 해보자. 그러면 인기가 제일 많고 모두에게 중요한 가치들이 선별될 것이다. 회사의 사명서는 직원들이 믿는 핵심 가치와 어울리게 작성해야 한다.

사명서가 완성되면 여기저기 붙여두는 것이 좋다. 회사의 비전, 가치, 의미, 목적이 담긴 글을 회사 안팎에 있는 사람들에게 보여주자. 홍보물로 인쇄해도 좋고 웹사이트에 게시해도 좋다. 사명서를 자랑스럽게 여기자.

포추닛 500 – 가치를 글로 적어두라

기업인 켄 블랜차드(Ken Blanchard)와 노먼 빈센트 필(Norman Vincent Peale)은 '포추닛 500(The Fortunate 500)'이라는 것을 만들었다. 다양한 산업에서 활동하는 여러 기업을 연구한 결과물이었다. 블랜차드와 필은 가치를 글로 적어두고 모든 직원이 아는 사명서가 있는 회사가 그렇지 않은 회사보다 수익을 꾸준히 더 많이 올린다는 사실을 알아냈다. 놀랍게도 중시하는 가치가 아예 없는 회사도 있었고 가치를 글로 적어두지 않은 회사도 있었다.

가치가 명확하고 글로 적은 사명서가 있는 기업들이 더 효율적으로 굴러가는 것 같았다. 그런 기업들이 다른 기업과 고객을 대하는 태도도 더 좋고 고객 충성도도 더 높았다. 게다가 자금을 빌리기도 더 쉽고 상황이 좋을 때나 나쁠 때나 사업도 더 잘되는 것 같았다.

개인을 위한 사명서를 작성해라

개인으로서도 자신을 위한, 그리고 가족을 위한 사명서가 있어야 한다. 당신이 무엇을 믿고 어떤 가치를 대표하는지 분명하게 알아야 한다. 당신 자신과 가족을 위해서 어떤 일을 해내고 싶은지도 생각해보자. 회사의 사명서와 마찬가지로 글로 적어보자.

사명서는 가정생활과 상황이 바뀔 때마다 주기적으로 수정하고 업데이트해야 한다. 그러면 당신의 인생에 놀라운 변화가 찾아올 것이다.

사명서를 작성해라

1. 지금 하는 일을 선택한 개인적인 이유가 무엇인지 생각해보자.
    당신의 삶에 의미와 목적의식을 부여하는 것이 무엇인가?

2. 당신의 회사가 어떤 핵심 가치 3~5가지를 바탕으로 사업을
    할 것인지 결정해보자. 다른 사람들과도 토론해보자.

3. 당신이 내세우는 가치와 부합하는 구체적인 행동과 태도를 정
    해보자. 전부 회사 안팎의 사람들이 실천할 수 있어야 한다.

4. 사명서를 적어보자. 회사가 언젠가 고객을 위해 성취하길 바라
    는 이상적인 내용을 쓰면 된다.

5. 당신이 추구하는 가치를 나열해보자. 가치마다 각각 어떤 의미
    가 있는지도 적어보자. 그것을 바탕으로 사명서를 작성하고 나
    면 직원과 고객들과 공유해보자.

6. 당신의 커리어를 위해 개인적인 사명서를 작성해보자. 무엇을
    성취하고 싶은가? 다른 사람들에게 어떤 사람으로 알려지고
    싶은가?

7. 당신과 가족을 위한 사명서를 작성해보자. 앞으로 어떤 성과
    를 올리고 싶은가? 가족과는 무엇을 성취하고 싶은가?

제7장

조직을 재창조해라

"천재는 누구나

다른 사람들과는 다른 시각으로

세상을 바라본다."

– 해브록 앨리스(Havelock Ellis)

제너럴 일렉트릭의 잭 웰치는 이런 말을 한 적이 있다. "회사 밖에서 일어나는 변화의 속도가 사내에서 일어나는 변화의 속도보다 빠르다면 파산이 머지않은 것이다."

격변의 시기에는 외부 세계의 변화에 따라서 회사를 자주 개조할 준비를 해야 한다. 연습 삼아 오늘 사업을 다시 시작한다고 생각해보자. 그러면 어떤 일에 뛰어들 것인가? 어떤 일은 손대지 않을 것인가?

다양한 방면으로 재능과 능력을 조준해라

상황을 더 면밀하게 관찰할 수 있도록 한발 물러서보자. 그러고는 회사를 자원과 능력을 모아둔 곳이라고 생각해보

자. 소방관이 소방 호스로 불을 끄듯이 회사가 다양한 방면으로 성과를 올릴 수 있도록 직원들의 재능과 능력을 여러 방향으로 조준할 수 있다. 당신의 회사를 특정한 기능만 수행하는 조직이라고 생각하지 마라. 특정한 상품과 서비스만 생산하고 판매하는 곳이라고 생각하지 마라. 그 대신 요새 하는 일과 완전히 다른 성격의 일도 다양하게 할 수 있는 곳이라고 생각해보자.

모든 것을 다시 시작한다면?

회사를 개조하는 문제가 더 쉽게 와닿도록 이런 방법을 써보자. 당신이 자리를 비운 사이에 회사가 전소됐다고 상상해보자. 현장에 부랴부랴 달려갔을 때는 주차장에 직원들만 멀뚱멀뚱 서 있었다.

다행히 길 건너편에 비어 있는 사무 공간이 있다. 새로운 공간에 곧바로 들어가서 사업을 새로 시작할 수 있다. 이때 던져야 할 질문은 이런 것들이다. "당신의 상품이나 서비스 중 어떤 것을 먼저 생산하고 유통해야 하는가?", "다시 손대지 않을 상품이나 서비스에는 어떤 것이 있는가?"

모든 비즈니스 관계를 검토해라

오늘 사업을 새로 시작한다면 어떤 고객에게 이 사실을 제일 먼저 알릴 것인가? 과거에 있었던 일은 전부 잊어도 된다고 가정해보자. 그러면 연락하지 않을 것 같은 고객은 누가 있는가? 어떤 판매 회사, 공급업자, 은행가, 다른 동업자에게 곧바로 연락할 것 같은가? 좀 더 나중에 연락하거나 연락할 생각이 아예 없는 사람도 있는가? 어떤 일을 먼저 할 것인가? 그다음에 할 일은 무엇인가? 과거를 돌아봤을 때 절대로 하지 않을 일은 무엇인가? 이런 다양한 질문에 대한 답을 생각해보자.

직원들과의 관계도 개조해라

이제 아까 그 주차장으로 돌아가보자. 모든 직원이 안전한 상태고 당신의 지시만을 기다리면서 서 있다고 생각해보자. 그중 누구를 주차장에 그대로 놔둘 것 같은가? 그리고 누구를 데리고 길을 건너서 함께 새로운 회사를 차릴 것 같은가? 누구를 제일 처음 데려갈 것인가? 어떤 인재를 두 번째로 확보할 것인가? 누가 세 번째일 것인가? 이런 질문들을 던져보자.

회사를 면밀하게 살펴봐라

회사를 개조할 수 있다면 어떤 일을 더 많이 할 것인가? 어떤 일을 더 적게 할 것인가? 아직 시작하지 못했던 일 중에서 어떤 것을 시작하고 싶은가? 반대로 어떤 일을 당장 중단하고 싶은가? 이런 질문들에 신중히 답해보자.

나에게 있는 재능, 기술, 능력, 핵심 역량 중에서 가장 중요한 것이 무엇인가? 내가 이런 것들로 무엇을 할 수 있는가? 어떤 직원들이 가장 뛰어난가? 그들이 다른 일은 무엇을 할 수 있는가? 회사를 개조할 때 이런 질문들을 던져야 한다.

사업을 처음부터 다시 시작할 수 있다면 어떻게 할지 꾸준히 생각해보자. 그러면 창의력과 혁신의 측면에서 남들보다 앞서게 될 것이다.

충분히 잘할 수 있는 것이 무엇인지 생각해라

회사를 개조할 때는 다음의 핵심 질문들에 관해서 곰곰이 생각해봐야 한다. 오늘날의 시장에서 당신이 확실하게 두각을 드러낼 수 있는 일이 무엇인가? 어느 분야에서 최고가 될 수 있을 것인가? 어디에서 세계 정상급 클래스를 보여줄 수 있을 것인가? 어디에서 경쟁자의 90퍼센트를 제칠 수 있을 것인가?

시장은 특별한 상품과 서비스에만 특별한 보상을 제공한다. 어디에서 어떻게 해야 일을 특별하게 잘 해낼 수 있을까?

커리어를 주기적으로 개조해라

마지막으로 당신과 당신의 커리어를 주기적으로 개조하는 문제도 생각해보자. 오늘 인생을 처음부터 다시 살 수 있다면 무엇을 더 하고 무엇을 덜 할 것인가? 무엇을 시작하고 무엇을 중단할 것인가? 어떤 일에 손댈 것인가? 반대로 어떤 일에서 손을 뗄 것인가? 이런 질문들에 관해서 생각해보자.

커리어도 처음부터 다시 쌓는다고 생각해보자. 어떤 지식과 기술을 추가로 얻고 싶은가? 핵심 기술을 확보하기 위해서 오늘 당장 무엇을 할 수 있는가? 다양한 직업을 선택할 수 있다고 가정했을 때 정말로 하고 싶은 일이 무엇인지 고민해보자.

경력을 쌓으면서도 주기적으로 자신을 개조해야 한다. 따라서 개조가 필요할 때가 오기 전에 어떻게 해야 잘할 수 있을지 미리 생각해 두는 것이 중요하다.

조직을 재창조해라

1. 사업을 오늘 처음부터 다시 시작할 수 있다면 무엇을 다르게 할 것인가?

2. 커리어를 오늘부터 새로 쌓을 수 있다면 어떤 일에 뛰어들고 어떤 일에서 손을 뗄 것인가?

3. 회사가 불타서 없어졌다고 상상해보자. 그래서 고객에게 기존의 상품과 서비스 중 한 가지만 제공할 수 있다면 어떤 것을 선택할 것 같은가?

4. 당신에게 가장 중요한 고객이 누구인가? 사업을 처음부터 다시 시작한다면 어떤 고객들을 당장 모셔 올 것 같은가?

5. 당신에게 가장 소중한 사람들은 누구인가? 회사 안팎에 있는 주변 사람들을 떠올려보자.

6. 비즈니스를 하면서 가장 중요하게 생각하는 동업자들이 누구인가? 사업을 새로 시작한다면 어떤 사람들과 또 함께 일하고 싶은가?

7. 비용이 문제가 되지 않는다면 오늘 당장 회사를 개조하기 위해서 어떤 조치를 취할 것 같은가?

제8장

적합한 사람들을 선별해라

"자기보다 훌륭한

인재를 모으는 법을 알았던 사람이

여기에 잠들다."

– 앤드루 카네기(Andrew Carnegie)의 비문

당신의 회사에서 일하는 사람들은 당신의 비즈니스에서 가장 중요한 요소다. 그들이 모든 일을 하고 모든 성과를 올리는 사람들이다. 직원들은 개별적으로도 일하고 팀을 꾸려서 협업하기도 한다. 관리자의 아웃풋은 관리자가 이끄는 팀의 아웃풋과 팀원들의 개별적인 아웃풋을 합친 것이다.

비즈니스에서는 사람이 최우선이다. 사람을 제대로 구하고 나서야 일, 활동, 결과에 신경 쓸 수 있다. 짐 콜린스는 『좋은 기업을 넘어 위대한 기업으로』에서 위대한 기업을 만드는 열쇠는 "첫째로 적합한 사람들을 버스에 태우고, 둘째로 부적합한 사람들을 버스에서 내리게 하는 것"이라고 말했다. 다른 접근법은 전부 실패할 수밖에 없다는 주장이다.

인재의 특징을 파악해라

최고의 인재에게는 두 가지 특징이 있다. 우선 일을 똑바로 해낼 것이라는 믿음을 준다. 일의 품질도 좋고 일을 제시간에 끝마치기도 한다. 두 번째로 다른 사람들과 잘 어울린다는 특징이 있다. 팀에 들어가도 문제를 일으키지 않는다.

당신에게 보고하는 모든 직원에게 주기적으로 제로 베이스 사고를 적용해야 한다. "지금 알고 있는 사실들을 참고했을 때 내가 과거로 돌아가더라도 이 사람을 고용하거나 선임하거나 승진시킬 것인가?"

이 질문에 대한 답이 "아니오"라면 그다음으로 답해야 할 질문은 이것이다. "이 사람을 어떻게 내보내거나 다른 사람으로 대체할 것인가? 이 일을 얼마나 빨리 처리할 수 있는가?"

사람을 뽑을 때 심사숙고해라

당신의 회사에서 일할 인재를 선별할 때는 신중해야 한다. 시간을 충분히 들여라. 하비 맥케이(Harvey McKay)는 『상어와 함께 수영하되 잡아먹히지 않고 살아남는 법』에서 이런 일화를 소개했다.

그는 영업직 직원을 뽑으려고 지원자 35명과 면담을 진행했는데 결국 아무도 뽑지 않았다고 한다. 이유는 간단했다. 이상적인 지원자를 만나지 못했기 때문이다. 인재에 관한 최고의 결정이 결정을 아예 내리지 않는 것일 때도 있다.

정치에서는 "사람이 곧 정책이다"라는 말을 중요하게 여긴다. 사업을 할 때도 마찬가지다. 당신이 선별하는 사람들이 곧 당신의 개인적인 가치와 철학의 표현이다. 당신이 누구를 고용하는지가 당신의 회사가 어떤 곳인지를 모두에게 보여준다. 당신이 미래를 위해서 어떤 경영 방식을 선택했는지도 알 수 있다. 따라서 사람을 뽑을 때 시간을 충분히 투자해야 한다.

심사숙고할 줄 아는 것은 훌륭한 경영진이 갖춰야 할 핵심 자질이다. 중요한 역할을 맡을 사람들을 선별할 때는 더더욱 숙고해야 한다. 시간을 많이 들여서 맡길 일에 관해 미리 생각해 두면 적합한 인재를 뽑을 확률이 급격하게 올라간다.

결과를 미리 생각해라

우선 특정한 일을 필요한 아웃풋과 결과를 중심으로 생

각해보자. 일을 파이프라고 상상하면 쉽다. 파이프의 한쪽 끝에 시간, 비용, 자원을 넣으면 다른 쪽 끝에서 구체적인 결과가 나오는 식이다. 당신이 원하는 것이 무엇인가? 어떤 결과가 나오길 바라는가?

원하는 결과가 분명해지면 각각의 업무를 통해 어떤 성과를 올리길 바라는지 구체적인 척도를 정해라. 당신과 그 일을 맡은 지원자가 일이 제대로 됐는지 어떻게 알 수 있는가? 측정할 수 있는 일은 해낼 수 있는 일이라는 점을 잊지 말자. 반대로 측정할 수 없는 일은 당신이 관리할 수 없는 일이다.

과거의 실적을 검토해라

기대하는 결과와 성과를 측정하는 척도가 명확해졌으면 지원자가 그런 성과를 거두기 위해서 갖춰야 할 기술과 능력을 구체적으로 따져보자. 피터 드러커는 "미래의 실적을 제대로 예측하는 데 도움이 되는 것은 과거의 실적뿐이다"라고 말했다.

구직자들은 보통 일자리에 지원할 때 자신이 앞으로 무엇을 할 수 있을 것 같은지 생각한다. 하지만 직원을 뽑는 당신에게는 앞날을 긍정적으로 내다볼 여유가 없다. 당신은 구직자가 이미 성공적으로 해낸 일에 집중해야 한다. 누구를 고용하든 이런 점을 최우선으로 고려해야 한다.

지원자를 세 번 만나라

좋은 인재를 고용할 확률을 높일 때 쓸 수 있는 강력한 원칙이 있다. 이 방법은 고용 절차의 속도를 늦추는 대신 최종 선택의 질을 높여준다. 간단하지만 강력하고 놀랍도록 효과적인 방법이다. 나는 이것을 '3의 법칙'이라고 부른다.

첫째로, 누군가를 고용하기 전에 지원자를 세 번 이상 만나봐라. 첫 면접에서는 지원자가 가능한 한 최고의 모습을 보여줄 것이다. 면접관도 사람이라서 늘 냉철하기는 어렵다. 그래서 매력적인 후보를 충동적으로 뽑을 때도 있다. 지원자를 금방 선별하는 것은 좋은 생각이 아니라는 점을 잊지 말자.

둘째로, 특정한 지원자가 마음에 든다면 그 사람을 서로 다른 장소 세 군데에서 만나보자. 당신의 사무실에서 진행된 첫 번째 면접에서 빛났던 지원자도 회의실에서 진행된 두 번째 면접이나 길 건너편에 있는 카페에서 진행된 세 번째 면접에서는 빛을 잃어갈지도 모른다.

고용을 서둘렀다가는 오랫동안 후회할 수도 있다

예전에 어느 대기업의 회장이 나에게 상당한 책임감이 따르는 일자리를 제안한 적이 있었다. 그분은 나와 함께 급여와 직무를 논의하기 전에 나를 데리고 도시를 벗어났다. 우리는 그분 차로 이동하고 농장을 둘러보면서 세 시간 정도 얘기를 나눴다. '면접'이 끝나고 나자 그분은 나에게 일자리를 줬다. 이것이 우리가 나중에 잘 지낼 수 있을지 찬찬히 알아보는 그분만의 방식이었다.

공원 산책 후 협상을 마무리해라

몇 년 후에 나는 10억 달러짜리 기업의 회장과 '전략적인 계획 수립하기'를 다루는 세미나를 두고 협상을 벌였다. 모

든 핵심 경영진이 사흘 동안 회사에서 멀리 떨어진 리조트
에서 모일 예정이었다. 다같이 회사의 미래를 심도 있게 논
의할 계획이었다.

회장은 갑자기 벌떡 일어나더니 나에게 이렇게 권했다.
"드라이브하러 가시죠."

그분은 비서에게 차를 건물 앞에 대기시키라고 지시했다.
그러고 나서 운전 기사에게 도심에 있는 공원 앞에서 내려
달라고 했다. 우리는 차에서 내려서 한 시간 가까이 산책을
했다. 가족과 철학에 관한 얘기를 나누고 꽃구경도 하고 편
안하게 걸어 다녔다. 산책을 다 하고 나서 그분은 이렇게 말
했다. "좋습니다. 같이 일해보시죠. 자잘한 것들을 좀 상의합
시다."

우리는 사무실로 돌아와서 협상을 마무리했다. 결국 모든
일이 잘 풀렸다. 이것 역시 나라는 사람을 알아보고 내가 자
기 회사를 위해서 어떤 일을 할 수 있을지 알아보는 그분의
방식이었다.

절대로 혼자서 결정하지 마라

적합해 보이는 지원자를 서로 다른 장소에서 세 번 만났으면 '3의 법칙'에 따라서 그다음 단계로 넘어가라. 다른 사람 세 명이 그 지원자를 만나보게 하는 것이다. 당신 혼자 판단해서는 절대로 안 된다. 항상 다른 사람들의 의견을 구하는 것이 좋다. 특히 그 지원자와 함께 일할 사람들의 생각을 꼭 들어보자.

지원자가 당신 앞에서는 성격 일부분을 숨겨서 좋은 후보처럼 보였을지도 모른다. 하지만 잠재적인 동료들 앞에서는 그런 부분이 더 드러났을 수도 있다. 나는 특정한 일을 하기에 적합한 후보라고 생각한 사람도 다른 직원들이 반대해서 뽑지 않은 적도 많다. 나는 직원들이 거절한 지원자는 한 번도 고용하지 않았고 그 결정을 후회한 적도 없다. 직원들은 나를 나 자신으로부터 여러 번 구해줬다.

추천서를 신중하게 확인해라

서로 다른 장소에서 면접을 세 번 거치고 다른 사람 세

명에게도 지원자를 보여줬으면 이제는 추천서를 세 통 이상 살펴볼 때다. 그러고 나서야 최종 결정을 내릴 수 있다. 만일 지원자의 전 고용주가 법적인 문제가 생길까 봐 정보를 주길 꺼린다면 이것만 물어보자. "이 지원자를 다시 고용하시겠습니까?"

만일 답이 확신에 찬 "네"가 아니라면 신중하게 생각해야 한다. 지원자에게 전 고용주가 왜 자신을 다시 고용하지 않을 것 같은지 물어봐라. 지원자의 대답을 유심히 듣길 권한다. 결정적인 단서가 될 수 있다.

스스로 일을 잘하는 사람을 찾아라

중요한 자리를 채울 사람을 찾을 때는 '남달리 일을 잘하는 사람'을 찾아라. 당신의 마음에 드는 사람, 그리고 그 일을 정말 잘 해낼 것 같은 사람을 찾아보자. 이상적인 인재가 아니면 후보에 넣지도 마라. 당신의 회사에 잘 어울릴 사람을 고용해라. 그 사람을 중심으로 부서나 사업을 키울 수 있어야 한다.

팀에 들어가서도 다른 팀원들과 원만하게 지낼 사람을 찾아보자. 과거에 실적을 올리고 계획을 제대로 수행한 경험이 있는 사람이 필요하다. 누가 감독하거나 매일 관리하지 않아도 스스로 일을 잘 해낼 사람을 찾아라.

어떤 성과를 원하는지 정확하게 알려줘라

직원을 고용하고 나면 처음부터 확실하게 키워라. 어떤 일을 맡기는지, 그리고 성과를 어떻게 측정할 것인지 명확하게 알려주면 된다. 일이 손에 익을 때까지 직접 함께 일하거나 그 직원과 같이 일할 사람을 붙여주자. 신입 직원을 물에 빠뜨리고 알아서 헤엄쳐서 나오게 하는 방식은 옛날에나 쓰던 것이다. 그러기에는 이제 인적 자원이 너무 중요해졌다.

직원이 맡은 일을 해낼 능력이 있는데도 실적이 좋지 않고 일할 의지가 없을 때도 있다. 그런 상황은 직원이 고용주가 원하는 결과를 명확하게 몰라서 생길 때가 많다. 반대로 직원이 일을 열심히 하고 실적도 좋다면 어떤 결과를 끌어내야 하는지 분명하게 아는 덕택이다.

격변의 시기에는 모든 것이 금방 달라지고 불연속적인 변화가 나타난다. 그럴 때일수록 직원들에게 정확히 어떤 일을 해주길 바라는지, 그리고 각자 어떤 성과를 올리길 기대하는지 꾸준히 짚어주자. 모두가 당신이 무엇을 원하는지 또는 필요로 하는지 알고 있으리라고 단정 짓지 마라.

일을 논의할 기회는 곧 일에 대한 의욕과 전념으로 이어진다. 직원들이 하는 일을 논의할 때 사람을 더 많이 부를수록 그들이 일을 더 열심히 하려는 의지가 생길 것이다. 일도 더 잘 해낼 것이다.

적합한 사람들을 선별해라

1. 회사 직원들의 능력을 한 명씩 평가해보자. 1점부터 10점까지 점수를 매겨보자. 10점을 받는 직원이 일을 제일 잘한다는 뜻이다.

2. 당신이 원하는 결과를 얻는 것을 도와줄 유능하고 긍정적이고 일할 의욕이 넘치는 직원들로 팀을 꾸려라.

3. 새로운 일자리를 누군가에게 제안하기 전에 그 일에 관해 충분히 생각해보자. 사람을 고용할 때도 천천히 신중하게 진행해라. 새 직원이 어떤 일을 해주길 원하는지 확실하게 적어보자.

4. 새로운 자리를 채울 때 지원자를 세 명 이상 만나보자. 마음에 드는 지원자와 서로 다른 장소에서 세 번 이상 면담하는 것이 좋다. 세 명 이상의 사람들이 같은 지원자를 면담할 수 있는 자리도 마련해라.

5. 추천서를 신중하게 검토해라. 지원자가 적합한 후보가 될 수 없을 만큼 치명적인 단점이나 약점이 있는지 알아보자.

6. 긍정적인 호감형 지원자만 고용해라. 그런 사람들이 팀에 들어가서도 팀원들과 원만하게 지낸다.

7. 비즈니스에서는 결과가 가장 중요하다. 직원 각자에게 정확히 어떤 성과를 기대하는지 설명하고 강조해라.

더 효과적으로 마케팅해라

"사업의 목적은 고객을 만드는 것이다.

따라서 기업은 오직 두 가지 기본적인 기능만 있다.

바로 마케팅과 혁신이다.

마케팅과 혁신이 결과를 낳는다.

나머지는 전부 비용에 불과하다."

– 피터 드러커(Peter Drucker)

모든 비즈니스 전략은 사실상 마케팅 전략이라고 볼 수 있다. 사업의 상태나 미래가 걱정될 때마다 마케팅과 판매에 관해 숙고해야 한다. 판매량과 수익을 늘리는 것에 초점을 맞춰라. 비용을 절감하고 조절하는 일은 늘 신경 써야 하지만 비용을 부지런히 줄인다고 해서 사업이 성공하는 것은 아니다. 그보다는 현금 유동성을 늘려야 한다. 그러려면 당신의 상품이나 서비스를 더 많이 파는 방법밖에 없다.

경기가 어렵고 경쟁이 치열해 보이더라도 당신이 진입한 시장의 최대 80퍼센트는 여전히 아무도 손대지 않은 곳이다. 눈에 보이지 않는 숨은 기회가 가까이에 있을 때가 많다. 이런 기회를 포착하고 활용하는 능력이 경영자나 회사의 능력을 진정으로 시험하는 일이다.

성공적인 마케팅을 위한 네 가지 비법

마케팅의 필수 요소에는 총 네 가지가 있다. 바로 특수화, 차별화, 세분화, 집중화다. 당신이 뛰어든 분야에서 살아남고 번성하려면 네 가지 요소를 전부 효과적으로 적용해야 한다. 어느 한 가지라도 부족하면 원하는 성과를 이루지 못하거나 사업이 실패할 우려가 있다.

1) 특정한 고객을 겨냥해라

사업의 특수화를 위해서는 구체적인 상품이나 서비스, 구체적인 시장, 고객의 구체적인 요구에 초점을 맞춰야 한다. 여러 영역에서 여러 고객에게 여러 상품과 서비스를 제공하고 싶은 유혹을 이겨내자. 당신이 생각할 때도, 그리고 고객이 볼 때도 사업이 특수해야 한다.

당신이 상품이나 서비스를 통해서 달성하려고 하는 목표가 정확히 무엇인가? 무엇을 피하고 무엇을 보존하길 원하는가? 당신의 상품이나 서비스가 이 분야에서 특수성을 띠도록 해주는 핵심 역량이나 독점 기술은 무엇인가? 고객을 위해서 어떤 문제를 해결하거나 니즈를 충족시켜줄 수 있는가? 사업을 통해 얻을 수 있는 다양한 결과 중에서 어느 분야에서 전문성을 발휘하고 싶은가? 이런 질문들에 대한 답을 찾아보자.

여러 기업이 특정한 유형의 고객을 겨냥한다. 고객들이 높이 평가하는 분야에서 전문가가 되려고 상당한 공을 들인다. 이런 핵심 역량을 바탕으로 사업을 성공적으로 일구려면 수년 동안 일에 전념해야 할 것이다. 그런데 그러다 보면 자기들이 '물 위를 걸을 수 있다'고 착각하는 기업들도 생긴다. 지금 생산하는 것 말고 다른 상품이나 서비스도 똑같이 잘 만들 수 있다는 위험한 생각을 하는 것이다. 그러면 회사의 에너지와 자원이 분산되고, 회사가 전문성을 띠던 분야를 떠나서 잘 모르고 이해하지도 못하는 분야에 뛰어들고 만다.

2) 남보다 뛰어날 방법을 찾아라

상품이나 서비스를 차별화하려면 경쟁자들보다 뛰어날 방법을 찾아야 한다. 이 과정은 제11장에서 더 자세히 살펴보자. 차별화야말로 사업에서 성공하고 수익성을 높이는 데 필요한 열쇠다.

3) 시장을 세분화해서 분석해라

세분화 과정은 당신이 그 누구보다도 잘할 수 있는 일로 이득을 가장 많이 볼 고객이 누구인지 알아내는 것에서 출발한다. 그러려면 고객을 치밀하게 분석해야 한다. 오늘 최고의 잠재 고객은 누구인지, 그리고 내일은 어떤 고객이 최고가 될지 살펴보자.

4) 자원을 집중해라

최고의 잠재 고객에게 상품이나 서비스를 더 많이 팔고 마케팅하는 데 필수 자원(시간, 재능, 돈)을 집중시켜라. 당신의 회사에 관심이 가장 많을 잠재 고객을 겨냥해야 여러 활동에 대한 수익이 가장 크게 날 것이다. 특수화, 차별화, 세분화에 관한 당신의 결정을 바탕으로 마케팅과 판매를 어디에 집중시키는 것이 좋을지 따져보자.

전략을 꾸준히 재평가해라

모든 마케팅 전략은 결국에는 쓸모가 없어지고 효과도 떨어지게 된다. 어떤 이유로든 판매량이 줄어들면 이 네 가지 영역 중 한 가지 이상에서 당신이 도출했던 답을 재검토해야 한다. 그러면 오늘날의 시장에서 진가를 발휘하는 더 효과적인 마케팅과 판매 전략을 세울 수 있을 것이다.

기억해라. 당신이 진입한 시장과 관련해서 그동안 정답이 달라졌다. 고객의 수요, 경쟁, 다른 시장 원리의 변화 때문에 특수화 분야, 차별화 분야, 이상적인 세부 고객층, 집중 분야를 바꿔야 할지도 모른다. 한꺼번에 두 개 이상을 바꿔야 할 수도 있다.

개인도 회사처럼 생각해라

사생활에서도 자신에게 똑같은 질문을 던져보자. 이런 질문들을 추천한다. "당신이 개인적으로 전문성을 띠는 분야가 무엇인가?", "당신이 하는 일이 경쟁자들이 하는 일보다 어떤 면에서 더 뛰어난가?", "당신의 재능을 적용하기 좋은 분야나 자리가 어디인가?", "에너지를 어디 집중시켜야 최고의 결과를 얻고 최대한의 보상을 받을 수 있는가?"

특히 다음의 질문들을 꾸준히 던져보자. "내가 정말 잘하는 것이 무엇인가?", "내가 가장 뛰어난 분야가 무엇인가?", "어떤 분야에서 내가 특출날 수 있을까?"

앞을 내다봐라

이제 당신의 사업이나 당신이 속한 산업의 미래를 내다보자. 앞으로 수개월 또는 수년 동안 당신의 분야를 이끌려면 어떤 새로운 역량을 개발해야 하는가? 어떤 지식과 기술을 추가로 습득해야 하는가? 어떤 일을 훌륭하게 해내는 게 당신의 커리어에 최고로 긍정적인 영향을 줄 것인가? 당신의 특별한 재능과 능력을 어느 분야에 적용했을 때 돈을 제일 많이 받을 것인가? 이런 질문들은 당신의 회사뿐만 아니라 당신 개인을 위해서도 던져야 한다.

더 효과적으로 마케팅해라

1. 오늘 당신이 속한 분야를 지배하겠다고 결정해라. 당신이 상품이나 서비스를 제공하는 분야에서 최고의 마케팅과 혁신을 보여주겠다고 다짐해라. 그렇다면 제일 먼저 해야 할 일이 무엇인가?

2. 상품이나 서비스, 시장, 고객 유형을 분석해서 당신이 사업을 특수화할 수 있는 분야를 알아내라. 어떤 분야인가? 어떤 분야가 가능성이 있는가?

3. 당신의 상품이나 서비스를 경쟁자들이 내놓는 것과 어떻게 차별화할 것인가? 당신이 어떤 면에서 다른 사람들보다 뛰어난가? 어떤 분야에서 우수한 성적을 거둘 수 있는가? 그것이 어떤 분야인가?

4. 어떤 세부 시장이 당신에게 가장 적합할 것인가? 당신에게 가장 적합할 확률이 높은 고객은 누구인가? 당신이 판매하는 것을 사용해서 이득을 가장 많이 볼 사람이 누구인가?

5. 남들보다 더 빨리 사고 결제할 고객들에게 마케팅과 판매에 관한 노력을 집중시켜야 한다. 그러기 위해서는 일을 어떻게 체계화해야 하는가?

6. 어떤 상품, 서비스, 지식, 능력이 추가로 있어야 앞으로 다가올 수개월 또는 수년 동안 당신이 속한 시장을 지배할 수 있는가?

7. 지금 당장 어떤 일을 더 하거나 어떤 일을 덜 해야 하는가? 현 시장에 적응하기 위해서 어떤 일을 시작하거나 어떤 일을 중단해야 하는가?

제10장

경쟁자를 분석해라

"당신의 강점을
경쟁자의 상대적인 약점에 집중시켜라."

— 브루스 헨더슨(Bruce Henderson)

군대에서 자주 쓰는 말 중에 이런 것이 있다. "그 어떤 전략도 적과의 첫 교전에서 살아남지 못한다." 비즈니스도 마찬가지다. 그 어떤 비즈니스 전략도 시장과의 첫 만남에서 살아남지 못한다. 전략은 항상 그 순간의 현실에 적합하도록 수정되어야 한다.

"비즈니스는 전쟁이다"라는 말을 들어봤을지 모르겠다. 이 말은 시장을 점령하고 고객을 얻고 판매를 성공적으로 해내려면 치열한 경쟁을 끝없이 견뎌야 한다는 뜻이다. 당신이 상품이나 서비스를 팔아서 수익을 올리는 데 혈안이 된 것처럼 당신의 경쟁자들도 그렇다. 경쟁자들은 당신의 사업을 노린다. 가능하기만 하다면 당신의 고객을 모조리 빼앗고 싶을 것이다. 그러기 위해서 경쟁자들은 당신의 고객에게 무엇이든 제공하고 어떤 일이든 하려고 애쓸 것이다.

경쟁 상대가 누구인지 파악해라

이 질문에 답해보자. "당신의 경쟁 상대는 정확히 누구인가?" 당신이 경쟁 상대를 누구로 정하느냐에 따라 당신이 시장에서 하는 거의 모든 일이 달라진다. 적이 누구인지에 따라 장군이 지휘하는 군사 작전이 달라지는 것이나 마찬가지다.

경쟁 상대에 따라 당신이 제공하는 상품이나 서비스, 그리고 당신이 공략할 시장이 결정된다. 경쟁 상대가 당신이 고객에게 제시할 가격이나 결제 방식도 결정한다. 수익률이 어느 정도여야 하는지, 그리고 수익이 얼마나 꾸준히 나야 하는지도 경쟁자에 따라 달라진다. 성장률뿐만 아니라 회사의 생존 자체도 경쟁자들에게 달렸다. 따라서 어떤 일을 하든 항상 기존 경쟁자 또는 잠재 경쟁자를 염두에 둬야 한다. 경쟁 상대가 당신이 벌이는 일에 어떤 식으로 반응할지 예상해보자.

경쟁 상대의 강점을 파악해라

사람들이 당신에게서 물건을 사는 이유를 알아냈으면 그

다음에 던질 질문은 "사람들이 왜 내 경쟁 상대에게서 물건을 사는가?"이다. 잠재 고객이 어떤 가치나 이득 때문에 당신이 아닌 당신의 경쟁자들을 찾는지 파악해야 한다.

경쟁자들이 내세우는 핵심 강점이 무엇인가? 그들이 특수화, 차별화, 세분화, 집중화하는 분야가 무엇인가? 당신에게 없는데 경쟁 상대에게는 있는 것이 무엇인가? 당신과 달리 경쟁자가 고객에게 제공하는 것이 무엇인가? 경쟁자가 당신보다 더 많이 하거나 더 잘하는 것은 무엇인가? 경쟁 상대만의 판매 전략이 무엇인가?에 대한 것을 잘 파악해야 한다.

경쟁 상대를 연구하고 이길 방법을 찾아라

자신의 주요 경쟁 상대를 무시하거나 대수롭지 않게 생각하는 경영자가 많다. 경쟁자의 이름만 언급되어도 경쟁자를 비판하거나 얕보기 일쑤다. 그래서 경쟁자가 제공하는 상품이나 서비스를 더 선호하는 고객은 단순히 무지하거나 오해한 것일 뿐이라고 생각한다. 이런 경영자는 근시안적인 사고에 갇혀서 까다로운 시장에서 만나는 경쟁 상대를 관찰하거나 그들을 이길 방법을 찾아내지 못한다.

가장 효과적인 비즈니스 전략 중 하나는 성공한 경쟁자를 늘 우러러보는 것이다. 잘나가는 경쟁 상대를 함부로 무시해서는 안 된다. 그런 상대를 연구하고 본받아라. 경쟁자들이 잘하는 것을 존중하고 그들보다 잘 해낼 방법을 찾아보자.

경쟁자의 장점을 상쇄해라

경쟁자를 연구하면서 고객이 경쟁자의 장점이라고 여기는 것을 상쇄하거나 무력화할 방법을 찾아보자. 경쟁자의 약점이 무엇인가? 그런 약점을 어떻게 이용할 수 있을 것인가? 당신이 경쟁 상대보다 더 잘하는 것은 무엇인가? 당신의 상품이나 서비스가 경쟁 상대가 제공하는 것보다 어떤 면에서 더 우수한가? 당신이 경쟁자들과 달리 독보적인 우위를 점하고 있는 영역이 무엇인가? 어떻게 해야 경쟁자의 장점을 상쇄시키고 당신의 장점을 최대한 드러낼 수 있는가? 살아남기 쉽지 않은 시장에서 우위를 점하려면 어떻게 해야 하는가? 이런 질문들에 대한 답을 반드시 찾아야 한다.

경쟁자들이 당신의 고객에게 물건을 성공적으로 파는 이유와 방법을 연구하고 이해해라. 이 작업에 시간을 많이 들

일수록 그들의 시장 점유율을 빼앗을 확률이 높아진다. 『손
자병법』에는 "적을 알고 나를 알면 백전백승"이라는 유명한
말이 나온다.

분명하게 알아내라

경쟁 상대의 강점과 약점, 그리고 잠재 고객이 경쟁자를
찾는 이유를 분명하게 알수록 더 효과적으로 대응하고 경
쟁할 수 있을 것이다. 확고한 비교우위는 사업의 성공에 대
단히 중요한 열쇠다. 비교우위가 없으면 늘 불리한 조건에서
비즈니스를 할 수밖에 없다. 그러므로 상대를 파악하는 것
이 무엇보다 중요하다.

경쟁자를 분석해라

1. 당신이 유치하려는 고객층을 생각했을 때 당신의 경쟁 상대는 누구인가?

2. 물건을 더 팔기 쉬운 다른 고객층을 겨냥하면 어떤 일이 벌어질 것 같은가?

3. 잠재 고객이 당신의 경쟁자를 찾는 이유가 무엇인가? 고객은 경쟁자에게 어떤 장점이 있다고 생각하는가?

4. 경쟁 상대만의 판매 전략이 무엇인가? 그들이 제공하는 상품이나 서비스에 어떤 특징이나 이득이 있는가?

5. 당신이 어떤 면에서 경쟁 상대보다 뛰어난가? 경쟁자와 달리 당신이 고객에게 제시할 수 있는 것이 무엇인가? 당신에게 이런 장점이 있다는 사실을 판매와 마케팅을 통해서 어떻게 강조할 수 있는가?

6. 경쟁 상대의 약점이 무엇인가? 그런 약점을 당신에게 유리하게 이용하려면 어떻게 해야 하는가?

7. 특정한 분야에 있는 세분화된 시장이나 특정한 고객층을 지배하려면 마케팅 전략을 어떻게 바꿔야 하는가?

제11장

더 낫게, 더 빨리, 더 싸게 만들어라

"남들보다 더 낫게, 더 빨리,

더 경제적으로 무엇을 하거나

생산할 방법을 찾아내는 사람은

밝은 앞날과 부가 곧 손에 잡힐 것이다."

– 폴 게티(J. Paul Getty)

성공하려면 특정한 분야에서 비교우위를 점해야 한다. 그것이 성공을 좌우하는 가장 중요한 단일 요인이다. 이것보다 더 중요한 요인이 없다고 해도 과언이 아니다. 비교우위가 사업의 성패, 수익률, 시장에서의 지위, 당신이 성취하는 다른 모든 것을 좌우한다.

당신의 비교우위가 무엇인지는 당신뿐만 아니라 직원들도 전부 분명하게 알고 있어야 한다. 잠재 고객들도 알아야 한다. 비교우위가 명확하지 않으면 판매량 감소, 시장 점유율 하락, 수익률 하락, 가격 인하 등이 발생하고 결국에는 사업이 실패로 돌아가게 된다.

당신의 상품을 차별화해라

당신이 사업을 시작한 이유를 떠올려보자. 아마도 다른 회사의 상품이나 서비스보다 나은 상품이나 서비스에 관한 아이디어가 있었을 것이다. 당신의 회사가 다른 회사들보다 더 빨리, 더 낫게, 아니면 더 저렴하게 고객의 니즈를 충족하거나 문제를 해결할 수 있다고 생각한 것이다.

고객의 마음속에서 당신의 상품을 차별화하는 능력이 고객을 유치하고 꾸준히 유지하는 열쇠다. 고객이 당신에게서 물건을 사려면 모든 것을 고려했을 때 당신이 제시하는 것이 현재 같은 값에 구할 수 있는 다른 모든 것보다 낫다는 생각이 들어야 한다. 잭 웰치는 이런 말을 한 것으로 유명하다. "비교우위가 없으면 경쟁할 생각도 하지 마라!"

가격을 무조건 낮추면 안 된다

저렴한 가격만으로 비교우위를 점할 수는 없다. 가격이 저렴하다는 이유만으로 팔리는 상품은 원자재(commodity)라고 부른다. 고객의 눈에 원자재는 어떤 회사가 내놓든 전부 비

숫해 보인다. 원자재를 차별화하는 방법은 가격을 다르게 책
정하는 것밖에 없다. 따라서 어떤 상품이 시장에서 원자재
로 자리 잡으면 충분한 수익을 낼 만큼 가격을 올리기가 거
의 불가능해진다.

다행히 당신이 판매하는 물건은 특별하다. 원자재가 아니
다. 시중에 나와 있는 다른 상품과 여러 면에서 다르다. 일단
상품을 만들고 판매하는 사람부터 다르다.

하지만 회사의 핵심 인재들이나 영업사원들이 자사의 상
품이나 서비스가 왜, 그리고 어떻게 다른지 정확하게 모르면
고객을 유치하려고 가격을 낮춰버린다. 그런 방향으로 나아
가는 사업에는 미래가 없다.

상품의 가치를 강조해라

마케팅 담당자가 맡은 중요한 역할은 당신의 상품이나 서
비스가 경쟁 상대의 것과 차별화된다는 점을 보여주는 것이
다. 마케팅, 홍보, 판매 전략이 당신의 상품이 지닌 가치 있
는 차이점을 강조하지 못하면 돈과 시간만 낭비하는 꼴이다.

차별화 전략이 성공하려면 확실한 비교우위가 있어야 한

다. 마케팅과 관련해서 모든 전략적인 사고가 이런 점을 중심으로 돌아간다.

세 가지 영역에서 뛰어나야 한다

어려운 시장에서 성공하려면 당신이 판매하는 것이 경쟁자가 판매하는 것보다 최소 세 가지 면에서 더 뛰어나야 한다. 당신의 상품이나 서비스가 더 낫고 더 빠르고 더 저렴하고 사용하기 더 쉬워야 한다. 그래야 타사의 상품이나 서비스보다 고객의 눈에 더 매력적으로 보일 수 있다. 판매 방식이 더 전문적이거나 서비스 제공 방식이 더 섬세하고 빠르고 효율적이면 좋다. 어떤 식으로든 최소 세 가지 영역에서 더 뛰어나야 한다.

마이클 트리시(Michael Treacy)와 프레드 비르스마(Fred Wiersma)는 『시장 선도자들이 따르는 규율(The Discipline of Market Leaders)』(국내 미출간)에서 시장 선도자들이 경쟁자들보다 뛰어난 세 가지 영역을 다룬다. 그들은 회사가 시장을 지배하기 위해서는 이 세 영역 중 최소 한 영역에서는 뛰어나야 하고 다른 두 영역에서도 능력이 좋은 편이어야 한다는 결론을 내렸다.

1) 경영을 탁월하게 잘해라

트리시와 비르스마가 찾아낸 첫 번째 규율은 경영을 탁월하게 잘하는 것이다. 이런 비교우위가 있는 기업은 매우 효율적으로 돌아간다. 그래서 경쟁자들보다 더 저렴한 가격에 상품과 서비스를 생산하고 판매할 수 있다. 그러고 나면 기업은 절감한 비용을 고객에게 돌려줄 수 있다. 할인 행사를 열면 된다. 아니면 남은 비용을 아껴서 수익을 더 늘릴 수도 있다. 두 가지 방법을 다 선택해도 좋다.

예를 들면 맥도널드와 월마트는 탁월한 경영 방식을 자랑한다. 맥도널드는 대량 생산을 통해서 규모의 경제를 달성했고, 월마트는 유통 시스템이 뛰어나다. 그 덕택에 두 기업 다 자신이 속한 시장을 지배하고 있다.

당신의 사업 또는 사업 일부를 어떻게 운영해야 당신이 속한 시장에서 가장 저렴한 공급업자가 될 수 있는가? 비즈니스에 드는 비용을 눈에 띄게 줄이려면 어떻게 해야 하는가? 값을 낮추는 데 성공하면 이런 장점을 어떻게 활용해야 판매량과 수익이 늘어날 것인가? 이런 질문들에 대한 답을 찾아보자.

2) 자신이 속한 분야에서 기술이 뛰어나야 한다

비교우위를 점할 수 있는 두 번째 방법은 혁신적인 기술을 활용해서 품질 좋은 상품과 서비스를 생산하는 것이다. 벤츠와 롤렉스 같은 기업이 이 카테고리에 속한다. 소니와 렉서스도 마찬가지다.

고객은 좋은 품질과 최첨단 기술을 대표하는 브랜드의 제품을 사기 위해서 프리미엄을 지불할 의향이 있다. 상상력을 동원해서 당신이 속한 분야에서 품질로 경쟁자들을 압도해보자. 당신의 상품이나 서비스가 남다르다는 것을 보여줄 기회가 어디 있는가?

3) 고객에게 가까이 다가가라

비교우위를 개발할 수 있는 세 번째 방법은 고객에게 가까이 다가가는 것이다. 그러기 위해서는 시간을 투자해서 '고객과의 친밀감'을 바탕으로 탄탄한 관계를 형성해야 한다. 고객은 다른 기업들보다 자신을 더 잘 알고 이해하는 것처럼 보이는 기업에 더 오랫동안 충성하고 돈도 더 많이 낼 것이다. 컨설팅 회사, 법률 사무소, 회계법인처럼 전문화된 서비스를 제공하는 기업들이 이 카테고리에 속한다.

고객의 신뢰도를 높이려면 어떻게 해야 하는가? 당신이

고객을 정말 아끼고 고객의 관심사에 관심이 있다는 사실을 어떻게 전달할 수 있는가? 이런 전략은 돌파구를 마련하는 기회로 이어질 수 있다. 특히 재판매와 위탁이 가능한 비싼 상품과 서비스를 판매할 때는 이런 기회가 더 중요해진다.

비교우위를 확보해라

자신이 속한 분야를 이끌고 수익률을 더 올리려면 이 세 영역 중 한 가지에서 두각을 드러내고 다른 두 가지에서도 우수한 면모를 보여야 한다. 당신이 내려야 할 가장 중요한 결정 중 하나는 어느 분야에서 비교우위를 점할지 정하는 것이다. 그러고 나면 온 회사가 목표에 전념하면 된다.

비교우위에는 두 가지 특징이 있다. 첫째는 경쟁자들이 똑같은 수준으로 제공하지 못하는 것을 제공한다는 것이다. 당신이 그 분야에서 우위를 점하고 있다는 사실이 분명해야 한다. 도미노 피자는 그 어떤 경쟁 상대도 따라올 수 없는 빠른 배달 속도를 바탕으로 비교우위를 점했다. 그런 장점을 등에 업고 도미노 피자는 지점을 7천 개나 냈으며 도미노 피자의 창립자 톰 모너핸(Tom Monaghan)은 억만장자가 되었다.

둘째는 고객이 그 상품이나 서비스를 알고 높이 평가하고 그것을 누리기 위해서 프리미엄을 지불할 의향이 있다는 것이다. 어떤 경우에든 당신의 비교우위가 자신에게 중요한지 아닌지 결정하는 것은 고객의 몫이다. 당신이 제공하는 것이 어떤 식으로든 경쟁자들이 제공하는 것보다 나은지 고객이 알려줄 것이다. 고객은 당신의 상품이나 서비스를 충분히 많이 사서 당신이 수익을 올리고 성장할 수 있게 도울 것이다.

더 낫다고 생각하게 해라

상품이나 서비스가 '더 낫다'라는 말은 고객이 원하는 대로 그 상품이나 서비스가 경쟁자들이 내놓는 것보다 기능이 더 뛰어나다는 뜻이다. 이런 정의를 당신의 회사에 적용해보자. 고객이 보기에 당신의 상품이나 서비스가 시중에서 판매하는 그 어떤 것보다도 '낫다'고 할 수 있는가?

속도가 '더 빠르다'라는 말은 당신의 상품이나 서비스가 '속도에 대한 니즈'를 충족시킨다는 뜻이다. 당신의 상품이 경쟁 상대의 상품보다 더 빠른 속도로 결과를 내놓아야 한다. 고객에게 약속한 혜택을 최대한 신속하게 안겨주자. 더 빨리 팔거나 서비스를 제공하거나 배달해야 한다. 도미노 피자는 신속한 배달 덕택에 성공할 수 있었다.

상품이 '더 저렴하다'라는 말은 같은 가치를 더 싼 가격에 제공한다는 뜻이다. 같은 값이더라도 더 큰 가치나 더 나은 조건을 제시할 수도 있다. 어쩌면 경쟁자들이 청구하는 것과 같은 값에 당신이 더 뛰어난 서비스를 함께 제공할 수 있을지도 모른다. 아니면 당신의 상품이나 서비스가 경쟁자들의 것보다 더 저렴해 보이도록 추가적인 혜택을 제공하는 방법도 있다. 그러면 고객은 결국 다른 사람보다는 당신에게서 사는 것이 낫다고 판단할 것이다.

상품이 사용하기 '더 쉽다'라는 말은 고객이 더 편리하게 원하는 것을 얻거나 이용할 수 있다는 뜻이다. 고객은 노력을 덜 들이고 당신이 제공하는 결과와 혜택을 누리게 된다. 고객은 일이 더 매끄럽고 만족스럽게 돌아갔다고 느낄지도 모른다. 당신에게서 샀더니 번거로울 일이 없었다는 생각이 들면 좋다. 이 정도 가치면 돈을 낼 만했다는 판단이 서는 것이다.

더 뛰어나려고 노력해라

경쟁이 치열한 시장에서 성공하려면 뛰어난 분야가 있어야 한다. 그래야 당신의 상품이나 서비스가 경쟁자들의 것과 비교했을 때 눈에 띌 수 있다. 아무도 제공하지 않는 당신만의 가치나 혜택이 있어야 한다. 당신의 상품이나 서비스를 바탕으로 판단했을 때 당신이 어떤 분야에서 뛰어나다고 생각하는가? 어떤 분야가 그럴 가능성이 있는가? 어떤 분야에서 뛰어나야 하는가? 이런 질문들에 대한 답을 찾는 것이 중요하다.

당신이 남들보다 우수한 분야를 알아내려면 당신의 상품이나 서비스가 경쟁 상대의 것보다 기능이 더 좋다고 여겨지는 분야를 찾으면 된다. 이때 기능의 차이가 충분히 나야 고객이 당신에게서 사고 돈도 더 낼 것이다. 당신의 상품이 어떤 면에서 경쟁 상대의 상품보다 기능이 더 뛰어난가? 고객이 원하는 결과를 얻는 것이 중요하다. 당신의 상품이나 서비스를 의미 있는 방식으로 업그레이드하려면 어떻게 해야 하는가?

특정한 능력이 뛰어나도 경쟁자들보다 성과가 적을 수도 있다. 속도나 가격 면에서는 경쟁자들보다 앞서지만 상품이나 서비스의 질이 훌륭하지 않을 수도 있다. 그럴 때는 이런 문제를 반드시 해결해야 한다.

마지막으로 당신만 판매하는 것이 있어야 한다. 당신만이 고객에게 제공할 수 있는 것을 판매하고 고객은 그것에 관심이 많아야 한다. 이 분야에서 당신보다 그 상품이나 서비스를 더 뛰어나게 제공할 수 있는 사람은 없다. 아무도 당신과 똑같은 혜택이나 결과를 끌어내지 못한다. 당신만이 판매하는 상품이나 서비스는 무엇인가? 어떤 것이 거기에 해당할 수 있는가?

왜 나에게서 사야 하는가?에 대한 답을 찾아라

경쟁이 치열한 시장에서 살아남으려면 모든 상품이나 서비스가 그 자체로도 훌륭하고 경쟁자들의 것보다도 뛰어나야 한다. 고유한 판매 전략도 있어야 한다. 이런 비교우위를 개발하고 유지하는 것이 경영진이 최우선으로 해야 할 일이다.

경영자는 언제나 고객의 가장 중요한 질문에 대답할 준비가 되어 있어야 한다. "제가 왜 다른 사람이 아니라 당신에게서 사야 합니까?"

이 질문에 대한 답이 무엇이든 그것이 마케팅과 판매에 관한 노력의 중심에 있어야 한다. 당신의 대답이 사업의 성공에 필요한 열쇠다.

자신을 들여다봐라

개인적으로도 자신에 관해서 이런 질문들을 끊임없이 던져야 한다. 당신이 개인으로서 뛰어난 분야가 무엇인가? 경쟁 상대들과 비교했을 때 그들보다 어떤 면이 나은가? 당신만의 고유한 판매 전략이 무엇인가? 당신이 어떤 면에서 남들보다 일을 더 잘하거나 더 빨리 하는가? 당신만이 회사를 위해서 탁월하게 해낼 수 있는 일이 무엇인가? 어떤 것이 후보가 될 수 있는가? 무엇이 그런 일이 되어야 하는가?

당신이 남들보다 뛰어날 수 있는 가장 중요한 분야가 무엇인가? 그것이 어쩌면 일을 똑바로, 빨리 처리하는 능력일지도 모른다. 일을 꾸준히 훌륭하고 믿음직스럽게 해내는 것이 좋다. 경쟁이 심한 시장에서 개인으로 성공하려면 이런 능력이 필요하다.

더 낫게, 더 빨리, 더 싸게 만들어라

1. 당신이 제시하는 가장 중요한 상품이나 서비스가 경쟁자들의 것보다 어떤 면에서 더 뛰어난가?

2. 당신은 어느 분야에서 뛰어나다고 인정받는가? 설문조사를 한다면 사람들이 당신의 회사가 특히 잘하는 일이 무엇이라고 답할 것 같은가?

3. 당신의 상품이나 서비스가 어떤 면에서 경쟁자들의 것보다 더 낫고, 빠르고, 저렴한가?

4. 당신만의 고유한 판매 전략이 무엇인가? 다른 회사들과 달리 당신의 상품이나 서비스가 제공하는 것이 무엇인가?

5. 당신의 상품이나 서비스가 어떤 면에서 사서 이용하기에 더 저렴한가? 같은 비용을 들이고도 어떻게 고객에게 경쟁자들보다 더 합리적인 가격을 제시할 수 있는가?

6. 당신의 상품이나 서비스가 한 가지 분야에서 두각을 나타낸다고 생각해보자. 이때 어떤 차별점이 판매량과 수익성에 긍정적인 영향을 가장 크게 미칠 것 같은가?

7. 당신의 상품이 경쟁 상대의 상품보다 더 뛰어난 분야 (또는 더 뛰어날 수 있는 분야) 세 가지를 나열해보자. 시장에서 우위를 점하기 위해서 어떤 계획을 세우고 있는가? 제일 먼저 해야 할 일은 무엇인가?

제12장

마케팅 믹스를 바꿔라

"마케팅이란 최종 결과, 즉 고객의 관점에서
사업을 전체적으로 살펴보는 것이다.
따라서 마케팅에 관한 우려와 책임은
기업의 모든 영역에 침투해야 한다."

— 피터 드러커(Peter Drucker)

네 가지 핵심 요인이 당신이 얼마나 파는지, 어떤 가격을 매기는지, 수익을 얼마나 올리는지, 얼마나 빠른 속도로 성장하는지 결정한다. 회사의 미래도 이런 요인들에 달렸다. 빠르게 변하는 시장에서 경쟁의 압박이 느껴진다면 이런 요소들을 꾸준히 되짚어봐야 한다. 시장은 끊임없이 변화가 일어나는 곳이다. 어느 기간에든 그대로 유지되는 일은 거의 없다. 정답이 항상 달라지는 것이다.

이런 요인들은 마케팅 믹스(Marketing Mix)라고 불린다. 마케팅 믹스는 마케팅을 위한 노력의 성공 여부를 좌우한다. 시장과 경쟁자가 바뀌기 때문에 당신도 여러 요인 중 한 개 이상을 바꿀 생각을 꾸준히 해야 한다. 네 가지 요인은 영어로 다 'P'로 시작한다. 바로 Product(상품), Price(가격), Promotion(홍보), Place(판매 시장)이다.

무엇을 파는가?

마케팅 믹스의 첫 번째 부분은 상품이나 서비스다. 당신의 상품이나 서비스가 정확히 무엇인지 정의해보자. 당신이 제공하는 것이 고객을 위해 '어떤 기능을 하는지' 따져보면 된다. 중요한 질문은 이것이다. "오늘 당신이 제공하는 상품이나 서비스가 현재의 시장과 고객에게 잘 어울리는가?"

잊지 말자. 전략이 통하고 있으면 이미 한물간 것이다. 당신의 상품이나 서비스가 인기가 많고 수익도 잘 나면 경쟁자들이 내놓는 것들로 이미 대체되는 중이다. 시장 역학에 따라 경쟁자들은 당신의 고객에게 당신이 생산한 성공적인 상품보다 더 낫고 더 빠르고 더 저렴한 것을 제공할 방법을 공격적으로 찾고 있다. 그들은 밤새 당신의 고객과 시장을 빼앗고 당신의 회사를 파산시킬 계획을 세우고 있다. 타잔이 제인한테 "저 바깥세상은 정글이야!"라고 한 말처럼 말이다.

새로운 것을 찾아라

이런 경쟁의 압박 때문에 5년 안에 지금 존재하는 모든 상품과 서비스의 약 80퍼센트는 새로운 모습 또는 다른 모습을 띨 것이다. 요새 잘나가는 여러 기업이 5년이나 10년 뒤에는 과거의 기억으로 전락할 것이다. 빠르게 변화하는 시장에서 그들이 내놓는 상품은 구식이 되고 찾는 사람도 없어질 것이기 때문이다. 기존의 상품을 빨리 대체하지 못하면 더 신속하게 움직이는 기업들에 밀려날 수밖에 없다.

여러 기업이 안고 있는 심각한 문제는 자사의 상품과 역사를 지나치게 좋아한다는 것이다. 그들은 자사의 상품과 서비스를 생산하고 유통하는 과정을 신성시한다. 자사의 상품이 위기에 처해도 높은 고객 충성도 덕택에 더 우수한 제품들과의 경쟁에서도 이길 수 있으리라고 착각한다. 그 결과 경쟁사들이 고객의 마음에 드는 상품을 출시하면 달라진 상황에 빠르게 대응하지 못한다. 당신에게도 이런 일이 일어나지 않도록 주의해라.

잘 팔리는가?

당신의 상품이나 서비스가 고객이 오늘날의 시장에서 원하는 것인지 알아보는 손쉬운 방법이 있다. 잘 팔리는가? 그럼 고객이 원하는 것이다. 당신이 판매하는 것에 대한 수요가 꾸준히 있고 수요가 점점 늘어나면 좋은 징조다. 사람들이 그것을 원하고 주문량이 폭주하면 잘나가는 것이다. 영업 사원들이 물건을 상대적으로 쉽게 팔고 고객 만족도도 높으면 성공한 것이다.

이런 환경에서 물건이 팔리는 속도가 줄고 있다면 당신의 상품과 서비스를 재검토해야 한다. 시장이 빠른 속도로 변하고 있을 가능성을 항상 염두에 둬라. 그런 시장에서 생존하고 번성하려면 새로운 상품과 서비스를 신속하게 개발해야 한다.

얼마에 판매하는가?

마케팅 믹스의 두 번째 부분은 가격이다. 당신이 제시하는 가격이 당신이 판매하는 상품에 적합한 값인가? 어떤 식으로든 가격을 다르게 책정해야 하는가? 가격을 올려야 하는가 내려야 하는가? 다른 상품이랑 묶어서 더 비싸게 팔아야 하는가? 아니면 같은 값에 다른 상품을 얹어서 팔아야 하는가? 구매 조건을 바꿔야 하는가? 아니면 같은 값에 다른 상품을 판매하는 것이 좋은가? 이런 질문들에 관해 곰곰이 생각해보자.

당신이 과거에 상품이나 서비스에 매긴 가격이 더는 유효하지 않을 가능성이 있다. 이제 상품이나 서비스를 판매할 때 계약금을 낮춰주거나 납부 기한을 연장해줘야 할지도 모른다. 다른 기준에 맞춰서 보상 판매를 해야 할 수도 있지만, 무엇이든 해서 살아남아야 한다.

어디서든 할인 이벤트나 상품의 가격이 내려간 것을 발견하면 회사가 가격을 잘못 책정했음을 인정했다고 생각하면 된다. 고객이 지불할 의향이 있는 금액을 잘못 판단한 것이다. 이제 가격을 내렸으니 고객이 사주기를 바랄 것이다. 그래야 남은 제품을 전부 팔 기회가 생긴다. 새로운 가격에도 재고를 처리하지 못하면 가격을 한 번 더 내릴 수밖에 없을 것이다.

값을 올려도 팔릴 것인가?

내 고객 중 한 명은 연간 구독료가 24달러인 잡지를 팔았다. 그런데 잡지를 발행할 때마다 손실이 생겼다. 그 고객은 잡지에 광고를 더 많이 실어서 결국에는 수익이 나기를 기대

했다. 그런데 비즈니스 고문이 이런 유형의 특수 출판물 시
장을 연구하고 나서 구독료를 두 배로 올리라고 제안했다.
이것은 잡지사가 한 번도 생각해본 적 없는 방법이었다.

오랫동안 고심한 끝에 잡지사는 심호흡을 하고 연간 구독
료를 두 배로 올렸다. 잡지가 구독자들의 사랑을 듬뿍 받는
덕택에 값이 많이 올랐는데도 구독을 취소하는 사람은 10
퍼센트도 되지 않았다. 하룻밤 사이에 잡지사는 적자에서
흑자로 돌아섰고 회사의 앞날이 완전히 뒤바뀌었다.

당신의 사업에서도 가격을 올리더라도 시장을 놓치지 않
을 만한 영역이 있는가?

어떻게 팔 것인가?

마케팅 믹스의 세 번째 부분은 홍보다. 이 단어는 당신이
상품이나 서비스에 관한 마케팅, 광고, 판매 과정에서 하는
모든 일을 아우른다. 좋은 가격에 멋진 상품을 만들어냈어도
판매 방법이 잘못됐거나 부적합하면 금방 파산할 수 있다.

비즈니스 성공의 열쇠는 좋은 상품이나 서비스를 만들고
그것을 꾸준히 공격적으로 홍보하고 판매하는 것이다. 합당

한 방법은 전부 동원해야 한다. 이 작업이 비즈니스 활동의 성패를 좌우할 때가 많다.

현재 당신의 상품이나 서비스를 어떤 식으로 홍보하고 판매하는가? 어떤 방법이 효과가 있고 어떤 것이 효과가 없는가? 광고, 마케팅, 판매 방식 또는 고객을 유치하는 방법 중에서 바꿔야 할 것이 있는가? 이런 질문들을 반드시 던져야 한다.

더 많이 팔아라

회사의 직판 방식, 인력, 프레젠테이션, 역량을 어떻게 업그레이드하고 개선해야 할지 생각해보자. 판매 방식을 신속하게 바꾸는 것이 사업을 흥하게 할 때가 많다.

"판매가 이루어지기 전까지는 아무 일도 일어나지 않는다"라는 말을 들어본 적이 있을지도 모르겠다. 복잡한 비즈니스 이론 다 필요 없다. 한마디로 "물건을 더 많이 팔면" 성공할 수 있다. 터보 전략이 성공하는 이유 중 한 가지는 물건을 팔고 수익을 창출하는 데 완전히 초점을 맞추기 때문이다. 그런 식으로 사업을 조직하고 비즈니스 활동을 재구성

해야 한다. 현금 유동성이 회사의 생명줄이며, 현금 유동성
은 물건을 팔아야 생긴다.

영업사원들을 훈련해라

안타까운 사실은 미국에 있는 영업사원의 약 70퍼센트가
영업 트레이닝을 전혀 받지 못했다는 것이다. 보통은 상품에
관한 교육을 받은 것이 전부다. 따라서 영업 과정의 특정 요
소에 관한 훈련을 받고 나면 그중 약 95퍼센트는 실적이 크
게 개선될 것이다. 이것이 바로 수익을 가장 많이 올리는 기
업들이 영업 트레이닝에 돈을 가장 많이 투자하는 이유다.
수익을 적게 올리는 기업들은 영업 트레이닝에 투자하지 않
는다. 훈련을 전혀 받지 못했거나 조금밖에 못 받은 영업사
원이 잘 훈련된 영업사원과 붙으면 질 수밖에 없다.

전화에 불이 나고 있는가?

여러 기업이 영업 트레이닝도 거의 또는 아예 안 하면서

홍보도 너무 적게 한다. 그나마 홍보를 많이 하는 기업들도 효과적이지 못한 방법을 택한다. 그렇게 해서는 물건을 사줄 수 있는 고객을 충분히 유치하기 어렵다. 때로는 광고에 담긴 메시지나 광고를 싣는 매체를 바꾸기만 해도 똑같은 비용으로 수익이 수백 퍼센트 오르는 성과를 얻을 수 있다.

몇 년 전에 내 동업자들이 잘못 만든 라디오 광고에 돈을 많이 들인 일이 있었다. 라디오 방송국에서 판 광고였다. 광고의 메시지는 모호하고 분명하지 않았다. 단어 선택도 잘못됐고 내러티브도 설득력이 부족했다. 그러던 어느 날 그들은 한 광고 전문가의 전화를 받았다. 전문가는 광고가 잘되고 있는지 물었다. 동업자들은 경영인답게 허세를 부리면서 광고가 아주 잘나가고 있다고 대답했다. 그랬더니 전문가가 이렇게 말했다. "질문이 딱 한 가지 있습니다. 지금 전화에 불이 나고 있습니까?"

애석하게도 전화는 울리지 않았다. 아무도 광고에 반응하지 않았던 것이다. 그 회사는 감당할 수 없을 만큼의 손해를 입고 있었다. 결국 일주일이 채 지나기도 전에 동업자들은 전문가의 조언을 따르기로 했다. 그래서 광고 문구도 다시 쓰고 녹음도 새로 했다. 그때부터는 전화가 쉴 새 없이 울려댔고 사업이 성공 가도를 달렸다.

그 후로 나는 광고의 효과에 관해 생각할 때마다 그 전문가와 똑같은 질문을 던진다. "전화에 불이 나고 있습니까?" 누가 뭐라고 말하든 이것이 여전히 당신의 광고가 얼마나 효과적인지 가늠할 수 있는 최고의 척도다.

세계 최고의 상품을 만들었더라도 그것을 공격적으로 홍보하고 판매하지 않으면 상품은 창고에서 먼지만 뒤집어쓰게 될 것이다. 반대로 평범한 상품이더라도 홍보를 잘해서 많이 팔리면 사업이 번창할 것이다.

어디에서 판매할 것인가?

마케팅 믹스의 네 번째 요인은 장소다. 당신의 상품을 구체적으로 어디서 판매할 것인지를 신중하게 골라야 한다. 요새 상품을 정확히 어디에 팔고 있는가? 가정, 사무실, 소매점에 판매하는가? 특정한 도시나 주에서 또는 전국적으로 판매하는가? 매장을 통해서 판매하는가? 아니면 직판하거나 광고용 우편물을 이용하는가? 가장 중요한 질문은 "당신의 상품을 판매하는 장소를 바꿔야 하는가?"이다.

IBM과 애플은 처음에는 자사의 판매 인력을 통해서만 상품을 판매했다. 그러다가 전략을 바꿔서 소매로 컴퓨터 매장에서도 상품을 팔기 시작했다. 한편 델(Dell) 컴퓨터를 사려면 회사에 직접 전화를 걸거나 인터넷으로 연락해야 한다. 그러면 컴퓨터가 배달된다. 상품을 판매할 장소를 적절하게 선택한 것이 각 회사가 세운 마케팅 전략의 핵심이었다.

어쩌면 당신도 상품이나 서비스를 판매하는 장소를 바꾸거나 업그레이드해야 할지도 모른다. 오늘 팔고 있는 곳과는 완전히 다른 데서 팔아야 할 수도 있다. 당신의 상품이나 서비스를 제공하는 장소를 바꾸면 사업의 방향도 바뀔 수 있다. 어떤 방향으로 나아가야 하는가?

알고 있던 사실을 재검토해라

상품이나 서비스를 충분히 팔기 어려워질 때마다 상품, 가격, 홍보, 판매 장소에 관해 기존에 사실로 알고 있던 것을 전부 검토해야 한다. 당신이 그동안 사용한 방법이 한 가지 이상의 영역에서 완전히 잘못됐을 가능성을 따져봐야 한다.

마케팅 믹스의 한 가지 요인만 바꿔도 사업의 성격 자체가 달라질 때가 많다. 마케팅 믹스를 바꾸면 실적이 크게 오르고 수익성이 늘어나고 시장을 주도하는 역할을 하게 될수 있다. 따라서 다양한 가능성을 염두에 두는 것이 좋다.

정답이 달라지고 있다

최대한 많은 물건을 최대한 비싸게 팔아서 수익을 최대한 많이 올려야 한다. 이런 목표를 달성하려면 어떤 마케팅 믹스가 제일 적합할 것인가? 정답은 믿을 수 없을 만큼 빠른 속도로 달라진다. 매년 달라지고, 빠를 때는 매달 달라지기도 한다. 당신이 속한 시장에 있는 경쟁자들이 취하는 행동 하나하나가 당신이 생존하고 번창하기 위해서 지금 해야 할 일들에 변화를 준다.

시장에서 크고 작은 변화가 생길 때마다 모든 것이 다시 원점으로 돌아간다. 선 마이크로시스템즈(Sun Microsystems)의 스콧 맥닐리(Scott McNealy)는 최근에 이렇게 말했다. "비즈니스를 할 때는 3주마다 기존에 알고 있던 것들을 수정하거나 폐기해야 합니다." 당신의 사업에 관해 알고 있던 것 중에서도 더이상 사실이 아닌 것이 있는가?

마케팅 믹스를 바꿔라

1. 마케팅의 모든 측면에 변화를 줄 준비를 해라. 특히 마케팅 전략이 예전만큼 효과가 없다면 변화를 빨리 줘야 한다. 당신이 보기에 어떤 영역이 제일 불만족스럽고 답답한가?

2. 당신이 판매하는 것은 정확히 무엇인가? 어떤 상품인지보다는 상품이 고객을 위해 어떤 기능을 하는지에 초점을 맞춰서 생각해보자.

3. 가격을 얼마로 책정했는가? 고객이 당신에게서 물건을 사는 것이 더 매력적으로 느껴지도록 금액을 어떻게 조정할 수 있는가?

4. 상품을 어떻게 홍보하고 있는가? 실적을 더 많이 올릴 수 있도록 당신의 상품이나 서비스를 광고하기에 더 좋은 방법이 있는가?

5. 상품이나 서비스를 어떻게 판매하는가? 당신의 고객과 소통하는 모든 직원이 판매와 관련된 핵심 영역에서 충분히 훈련받았는가?

6. 상품이나 서비스를 어디에서 판매하고 있는가? 다른 장소를 찾아보거나 판매 방식을 바꿀 필요가 있는가?

7. 마케팅 믹스의 여러 요인을 한꺼번에 바꿔야 하는가? 가혹한 시장 환경 때문에 과거에 쓰던 방식을 과감히 버려야 할 때가 많다. 특히 그런 방식이 더는 효과가 없는 것 같다면 빨리 버려야 한다.

제13장

기업을
성공 가도에 올려놔라

"사람은 환경의 산물이 아니다.
환경이 사람이 만들어낸 산물이다."

– 벤저민 디즈레일리(Benjamin Disraeli)

알 리스(Al Ries)와 잭 트라우트 (Jack Trout)는 『포지셔닝』에서 당신이 고객과 잠재 고객의 마음속에 자리 잡은 방식이 그 어떤 단일 요인보다도 경쟁적인 시장에서 당신의 성패를 좌우하는 확실한 요인이라고 설명한다.

하버드대학 경영대학원의 학과장인 시어도어 레빗 (Theodore Levitt)은 『마케팅 상상력』에서 당신의 가장 가치 있는 자산은 "고객에게 어떻게 알려져 있는지, 그리고 시장에서 평판이 어떤지"라고 말했다. 당신의 평판은 사람들이 돈을 낼 만한 가치가 있다.

자산이 100만 달러인 기업이 1,000만 달러에 팔렸다는 기사를 접할 때마다 평판이 얼마나 중요한지 알 수 있다. 추가 금액인 900만 달러는 공식적으로 영업권(good will)이라고 불린다. 영업권을 위해 돈을 추가로 낸다는 것은 기업 이

름이 워낙 가치 있어서 그것을 사는 사람이 상당한 프리미
엄을 낼 의향이 있다는 뜻이다. 해당 기업이 시장에서 지닌
훌륭한 명성 덕택이다.

입소문이 중요하다

사람들이 물건을 살 때 입소문을 듣고 결정하는 경우가
84퍼센트나 되는 것으로 추정된다. 그래서 다른 사람들이
당신의 상품과 서비스를 두고 하는 말이 중요하다. 홍보에는
사람들이 당신의 상품이나 서비스를 이용해보고 대단히 만
족한 나머지 재구매하고 다른 사람들에게도 권했으면 하는
바람이 담겨 있다.

로버트 치알디니(Robert Cialdini)는 『설득의 심리학 1』에서
'사회적 증거'가 사람들이 상품이나 서비스를 살지 말지 결정
하는 커다란 요인이라고 설명한다. 사회적 증거의 가장 중요
한 부분은 상품을 추천하는 사람과 그 이야기를 듣는 사람
의 유사성이다. 당신이 경영자인데 '다른 경영자'들이 어떤 상
품이나 서비스를 높이 평가한다는 소식을 들었다고 가정해
보자. 그러면 '의사'나 '변호사'들이 그 상품이나 서비스를 잘

이용했다는 말을 들을 때보다 영향을 더 많이 받을 것이다.

성공적인 기업들은 고객이 자사에 관해 어떻게 생각하길 바라는지, 그리고 어떤 말을 하길 원하는지에 대해 고심한다. 그래서 모든 마케팅과 판촉 활동의 초점을 고객의 마음속에 특정한 인식을 심어주는 데 맞춘다. 그래야 판매와 재구매로 이어지기 때문이다.

당신을 대표하는 말은 무엇인가?

하버드대학교 교수인 레온 페스팅거(Leon Festinger)는 '귀인 이론(Attribution Theory)'이라는 개념을 만들었다. 이 이론으로 사람들이 어떻게 결정을 내리고 결론에 이르는지 설명할 수 있다. 페스팅거는 사람들이 특정한 상품이나 서비스에 관해서 생각할 때 주로 하나의 문구나 단어를 떠올린다는 사실을 알아냈다. 이 단어가 무엇이든 간에 그들이 물건을 살지 말지 결정할 때 지대한 영향을 미친다.

예를 들면 IBM은 '우수함'을 뜻하고 맥도널드는 '편리함'을 뜻한다. 노드스트롬(Nordstrom)은 '서비스'를 뜻하고 페덱스(Federal Express)는 익일 배송에 관해서는 '믿을 만함'을 뜻한다. 각각의 상품이나 서비스는 자연스럽게 또는 계획적으로 경쟁자들의 것과는 다른 평판을 쌓게 된다. 당신의 평판은 어떤가? 당신이 '주인'인 단어가 생기려면 고객이 그 단어를 들었을 때 당신의 회사나 상품을 떠올려야 한다.

듣고 싶은 말을 내것으로 만들어라

리스와 트라우트는 시장에서 당신이 듣고 싶은 단어나 말을 직접 선택하기를 권한다. 그러고 나서 그런 말을 장악하고 통제하기 위해서 모든 수단을 동원하면 된다. 다른 경쟁자들이 그 말을 노려도 굴하지 말고 맞서 싸워라.

예를 들면 10대인 내 아들들이 영화를 고르는 기준은 딱 한 가지다. 아이들이 원하는 단어는 '액션' 하나뿐이다. 액션 영화면 보고, 액션 영화가 아니면 관심을 주지 않는다. 아이들의 누나는 '로맨스'라는 단어에만 반응한다. 아니면 '여자들이 좋아하는 영화'라고 부르는 것만 본다. 10살짜리 막내딸은 '어린이' 영화만 보러 가려고 한다. 이런 아이들을 관객으로 유치하고 싶다면 당신의 영화가 이런 키워드와 어울려야 한다.

벤츠는 '고급 공학 기술'이라는 말의 주인이며, BMW는 '최고의 자동차'라는 말의 주인이다. 도미노 피자는 '신속한 배달'이라는 말의 주인이다. 이런 기업들은 고객이 있는 시장에 좋은 인식을 심어주고 그런 인식을 유지한 덕택에 성공 가도를 달리고 있다.

자신만의 커닝 페이퍼를 만들어라

중요한 질문은 바로 이런 것들이다. 당신은 어떤 단어의 주인인가? 잠재 고객의 마음속에서 당신의 회사가 어떤 단어와 연관되어야 하는가? 마케팅 활동을 재조직하고 새로운 방향으로 나아간다면 어떤 단어의 주인이 될 수 있을 것인가?

연습 삼아 잠재 고객 한 명이 당신의 고객과 만났다고 상상해보자. 당신의 고객이 당신에게 전화를 걸어서 자신이 뭐라고 말하기를 바라는지 묻는다. 잠재 고객이 당신에게서 물건을 사도록 당신은 고객을 어떻게 설득할 수 있을 것인가?

당신의 고객이 해주길 원하는 말을 적어서 커닝 페이퍼를 만들 수 있다면 어떤 단어를 선택할 것인가? 훌륭한 품질, 청렴함, 친근한 서비스, 좋은 사람들, 빠른 문제 해결, 같이 일하기 좋음, 최고의 가격과 같은 말을 고를 것인가? 당신의 고객과 잠재 고객이 당신을 어떻게 묘사하길 원하는가? 고객이 당신의 상품/서비스와 회사를 묘사할 때 쓸 수 있는 모든 단어와 문구를 통틀어서 어떤 것이 당신과 당신의 사업에 가장 큰 도움이 될 것인가? 이런 질문들에 대해서 생각해보자.

당신이 원하는 말이 무엇인지 확신이 선다면 고객과의 모든 소통, 모든 상품과 서비스, 영업, 배송, 유통에 관한 모든 요인을 검토해야 한다. 당신이 선택한 말을 고객의 마음속에 확실하게 남기는 것이 목표다. 이것이 바로 경쟁이 치열한 시장에서 성공 가도를 달릴 수 있는 열쇠다.

당신의 브랜드는 무엇인가?

브랜드는 가치를 대표하며 기업과 고객 간의 신뢰를 바탕으로 한다. 고객이 '브랜드 이름'을 살 때는 기업이 약속하는 것을 확실하게 얻으리라는 믿음이 있다. 당신의 브랜드는 고객이 당신에 관해서 어떤 생각을 하고 어떤 감정을 느끼는지 보여준다. 여러 닷컴 기업이 슈퍼볼에 광고를 내고 하루

만에 성공하기를 원했지만, 브랜드는 그런 식으로 만들어지지 않는다. 닷컴 기업들은 슈퍼볼 시청자 5,000만 명을 노리고 큰돈을 썼다. 오래된 기업들이 누리는 명성을 손쉽게 누리려는 시도였다. 하지만 브랜드를 만들려면 당신과 당신이 판매하는 것에 관한 고객의 개인적인 경험이 쌓여야 한다. 그래서 브랜드가 고객의 마음속에 자리 잡기까지는 수년이 걸린다.

이런 가치와 신뢰는 고객이 오랫동안 당신과 당신의 상품과 함께한 경험에서 우러나오는 결과다. 형성되는 데 오래 걸린다는 점에서 개인의 평판과 매우 비슷하다. 부정적인 경험 때문에 회사의 평판이 나빠지거나 완전히 무너질 수도 있다.

약속을 지켜라

브랜딩 경험에는 두 가지 부분이 있다. 첫 번째는 고객이 당신의 제품을 처음으로 사도록 유도할 때 내세우는 약속이다. 광고와 판촉 활동에 담긴 주장과 당신이 제안하는 가치가 여기에 해당한다.

브랜딩의 두 번째 부분이자 가장 중요한 부분은 상품이나 서비스를 제공하고 나서 지키는 약속이다. 『품질은 무료』의 저자 필립 크로스비(Philip Crosby)는 품질이 좋다는 말은 "당신의 상품이 판매될 당시에 약속한 기능을 수행하고 그 후에도 그 기능을 계속 수행한다"라는 뜻이라고 설명한다. 이것이 바로 브랜딩의 정수다.

계속 선택하게 해라

사람들이 감정적으로 결정하고 나서 자신의 결정을 논리적으로 합리화한다는 말이 있다. 한마디로 고객은 대체로 게으르다는 뜻이다. 사람들은 어떤 상품이나 서비스가 마음에 들면 계속 그것만 산다. 다른 상품이나 서비스로 갈아타기에는 노력을 너무 많이 해야 한다는 생각이 들기 때문이다.

가장 잘나가는 기업들은 사람들이 확실하게 믿을 수 있는 브랜드를 만들어냈다는 공통점이 있다. 동네 식당이든 다국적 기업이든 고객은 과거의 구매 경험이 만족스러웠으면 같은 기업을 선택하는 데 편안함을 느낀다.

모든 것이 중요하다

경쟁 상대와의 차별점, 그리고 당신의 명성과 브랜딩은 당신이 물건을 얼마나 팔 수 있는지 결정한다. 그 정도의 양을 얼마나 쉽게 팔 수 있는지도 결정한다. 당신이 가격을 얼마로 책정할 수 있는지, 그리고 당신의 회사가 얼마나 빨리 성장할 수 있는지도 그런 요인에 따라 정해진다. 평판이 훌륭한 기업은 다른 기업들보다 물건을 더 비싸게 팔 수 있다. 사람들은 좋은 브랜드를 가치 있게 평가하기 때문이다. 프랑스 향수, 일본이나 독일에서 만든 카메라, 스위스 시계, 티파니 주얼리를 떠올려보자.

그렇다면 무엇이 중요한가? 모든 것이 중요하다! 고객과 소통할 때 당신이 하는 모든 일이 도움이 될 수도 있고 해가 될 수도 있다. 모든 것이 누적될 수도 있고 무너질 수도 있다. 모든 것이 당신의 상품/서비스나 회사가 고객의 마음속에 자리 잡는 데 보탬이 될 수도 있고 좋은 이미지를 오히려 깎아 먹을 수도 있다. 중립적인 것은 없다. 모든 것이 중요하다. 따라서 우연에 맡기는 일이 하나라도 있어서는 안 된다.

'당신'이라는 브랜드를 만들어라

이런 원칙들은 개인의 삶과 커리어에도 똑같이 적용할 수 있다. 당신이 비즈니스를 하면서 마주치는 핵심 인물들의 마음속에 어떤 이미지로 자리 잡는지가 당신이 성공할 수 있는 정도를 결정한다. 당신의 이미지가 급여와 승진 속도뿐만 아니라 커리어에서 일어나는 거의 모든 일에 영향을 미친다.

자리에 없을 때 사람들이 당신을 어떻게 묘사하는가? 당신에 관해서 어떻게 생각하는가? 당신의 퍼스널 브랜드는 무엇인가? 당신의 평판은 어떤가? 다른 사람들이 당신을 개인으로서 또 회사의 일원으로서 어떻게 생각하고 당신에 관해서 어떤 말을 하는가? 이런 질문들에 대한 답을 찾아보자.

당신이 얻을 수 있는 최고의 브랜딩이나 명성은 매번 일을 훌륭하게 해내리라고 사람들이 확신하는 것이다. 개인적인 성과가 핵심이다. 에너자이저 광고에 등장하는 토끼처럼 당신이 하겠다고 한 일을 해내고 그 일을 꾸준히 하면 된다.

래리 보시디(Larry Bossidy)는 『실행에 집중하라』에서 훌륭한 경영인의 가장 중요한 특징은 계획을 차질 없이 실행하는 능력이라고 말한다. 조치를 취해서 결과를 얻어낼 줄 알아야 한다. 이것은 퍼스널 브랜딩에서도 가장 중요한 능력이다.

기업을 성공 가도에 올려놔라

1. 시장에서 당신의 기업은 평판이 어떤가? 당신의 고객과 경쟁
    자들은 당신에 관해서 어떻게 생각하는가? 그들이 어떤 말을
    하는가?

2. 사람들이 당신의 상품이나 서비스를 묘사할 때 어떤 단어를
    쓰는가?

3. 당신의 회사와 상품/서비스를 묘사하는 단어의 '주인'이 될 수
    있다고 가정해보자. 그러면 어떤 단어들을 고를 것인가?

4. 당신의 회사와 연관되는 단어 중 어떤 것들이 판매량과 수익
    성에 긍정적인 영향을 가장 크게 미칠 것인가?

5. 당신이 고객과 비즈니스를 할 때 고객에게 던지고 싶은 메시지
    가 있을 것이다. 고객과 소통할 때마다 그런 메시지를 강화하
    려면 어떤 변화가 필요한가?

6. 당신이 잠재 고객에게 하는 약속 중 어떤 것이 가장 중요한가?
    어떻게 해야 그들이 당신의 물건을 살 것인가? 판매가 이루어
    지고 나서도 당신은 그 약속을 지키는가?

7. 고객이 당신의 회사를 상대하면서 가장 긍정적으로 꼽는 것이
    무엇인가? 더 많은 고객이 그런 말을 하려면 어떤 시스템을 구
    축해야 하는가?

제14장

전략적 사업 단위를 개발해라

"지구상에 보장된 것은 없다.

오직 기회만 있을 뿐이다."

– 더글러스 맥아더 장군(General Douglas MacArthur)

전략적 사업 단위(SBU: Strategic Business Unit)라는 개념은 상품이나 서비스를 다양하게 출시하는 여러 기업에 혁신을 일으켰다. 기업의 성공에 꼭 필요한 사고방식이다. 이 개념을 만든 것은 보스턴 컨설팅 그룹(BCG)이었다. 〈포춘(Fortune)〉 1000에 선정된 여러 기업이 자사를 더 효율적이고 수익을 훨씬 많이 올리는 기업으로 탈바꿈하기 위해서 이 개념을 이용했다.

전략적 사업 단위를 활용하려면 각각의 상품이나 서비스를 회사 내에서 개별적인 사업 단위로 취급해야 한다. 그러고 나서 이런 사업 단위들을 비슷한 상품이나 서비스에 따라서 묶으면 된다. 기준은 다음의 세 가지다.

1) 공통적인 특징
2) 공통적인 시장
3) 상품이나 서비스를 판매할 공통적인 고객층

각 프로젝트를 개별 사업화해라

각각의 사업 단위를 개별적인 사업으로 간주해라. 경영 구조, 전략적 계획, 비즈니스 목표, 판매와 수익 타깃, 수익을 올리는 정도, 프로젝트에 참여하는 사람들의 핵심적인 역할과 책임 등을 따로 정해야 한다.

전략적 사업 단위를 적용하려는 시도는 책임자를 정하는 것에서 시작된다. 프로젝트를 맡고 해당 사업 단위의 결과를 책임질 사람을 선별해라. 유능한 인재가 수익을 어느 정도 올리게 하자. 책임자는 개별적인 기업의 회장이 된 것처럼 특정 수준 이상의 실적을 올려야 한다.

기본적인 비즈니스 계획 세우기

전략적 사업 단위를 활용하는 방법이 성공하려면 각 사업 단위를 위한 종합적인 비즈니스 계획을 세워야 한다. 사업 단위에 속한 각각의 상품이나 서비스도 비즈니스 계획이 따로 있어야 한다. 매출, 비용, 수익성에 관한 계획을 전부 세워 보자. 그리고 나서 이 전략적 사업 단위가 목표를 달성하려면 어떤 사람들과 어떤 자원이 필요한지 따져봐야 한다.

누군가에게 책임을 부여해라

어떤 상품이나 서비스가 성공하는 가장 큰 이유는 유능한 인재 한 명이 그것을 완전히 책임졌기 때문이다. 해당 프로젝트가 성공할 수 있도록 일에 전념한 인재의 공이 크다.

반대의 상황도 마찬가지다. 어떤 상품이나 서비스가 실패로 돌아갔다면 가장 큰 문제는 그 프로젝트에 대한 책임이 한 명이 아닌 여러 명에게 부여됐기 때문이다. 그런 상황에서는 책임지는 사람도 없고 프로젝트의 결과에 커리어가 걸린 사람도 없다.

어떤 상품, 서비스, 사업 단위, 새로운 시도든 잠재력을 충분히 실현하고 싶다면 우선 프로젝트의 책임자를 정해야 한다. 프로젝트가 성공하면 큰 보상이 뒤따를 것이라는 점을 분명하게 알리자.

당신의 사업 전체를 재평가해라

전략적 사업 단위를 도입하면 한발 물러서서 당신의 사업 전체를 재평가할 기회가 생긴다. 각각의 상품과 서비스를 다음의 네 가지 카테고리 중 한 가지에 넣어보자.

카테고리는 두 가지 축을 이용해서 만들어진다. 첫째로, 상품은 성장 잠재력이 클 수도 있고(미래를 위한 상품) 적을 수도 있다(과거의 상품). 둘째로, 상품은 현금을 이용할 수도 있고 공급할 수도 있다.

이 두 가지 기준에 따라서 상품과 서비스에 관한 카테고리를 네 개 만들 수 있다. 보스턴 그룹 컨설팅은 카테고리를 효자 상품, 인기 스타, 물음표, 개라고 이름 붙였다.

1) 잘 팔리고 현금을 공급하는 효자 상품

첫 번째 유형의 상품/서비스는 효자 상품이다. 효자 상품이란 잘 팔리고 사업에 현금을 공급하는 상품을 뜻한다. 판매량이나 수익이 증가하지는 않지만 그렇다고 해서 감소하지도 않는다. 이런 상품은 기업을 든든하게 받쳐주는 대들보이자 기업을 성공으로 이끄는 열쇠다. 한때는 이 상품이 기업의 주력 상품이나 서비스였을지도 모른다. 하지만 이제는 단순히 믿을 만한 수입원에 불과하다.

효자 상품에 관한 전략은 자원과 인력을 충분히 배정하는 것이다. 그래야 효자 상품이 최대한 오랫동안 매출에 도움이 되고 현금을 끌어올 수 있다. 효자 상품의 존재를 너무 당연시하는 실수를 저지르는 기업이 많다. 하지만 그랬다가는 상대적으로 유지하기 쉬운 매출량과 수익을 잃고 만다.

2) 성장과 수익 잠재력이 있는 인기 스타

두 번째 카테고리에 있는 상품/서비스는 인기 스타다. 인기 스타도 기업에 현금을 안겨준다. 효자 상품과의 차이점은 성장과 수익에 대한 잠재력이 무궁무진하다는 것이다. 이런 상품은 전략을 잘 세우고 제대로 홍보하면 앞으로 수년 동안 커다란 수입원이 될 수 있다. 기업의 현금 흐름도 더 좋아질 것이다.

당신이 판매하는 모든 상품과 서비스를 찬찬히 뜯어보자. 특히 새로 생산한 상품/서비스를 유심히 살펴봐야 한다. 그러고 나서 이런 질문을 던져보자. "이중 어떤 상품이 대박 상품이 될 잠재력이 있는가?" 인기 상품이 기업의 주요 수입원이 될 수 있으려면 당신이 어떤 일을 해야 하는가? 어디에 투자하는 것이 좋은가?

3) 성공하지도 실패하지도 않는 물음표

세 번째 유형의 상품/서비스는 물음표다. 이 카테고리에 해당하는 상품이나 서비스는 현금을 잡아먹는다. 아직 수익이 나지는 않지만, 제대로 개발하고 마케팅하고 홍보하면 엄청난 잠재력을 실현할 가능성이 있다.

물음표에 해당하는 상품은 아직 성공하지 못했다. 그러다 보니 실패할 확률도 있다. 연구, 개발, 시장 테스트에 투입된 모든 투자 비용을 날리게 될지도 모른다. 전략적 사업 단위를 활용할 때 가장 중요한 목표는 물음표에 해당하는 상품이 어떤 상품으로 판명이 날지 예측해보는 것이다. 그래야 투자를 더 많이 할지 얼른 발을 뺄지 결정할 수 있다.

하지만 여기서 짚고 넘어가야 할 점이 있다. 새로운 상품/서비스 또는 새로운 시도는 아예 실패하거나 기업이 기대했던 것과는 다른 방식으로 성과를 올린다. 새로운 아이디어가 성공하는 경우도 많다. 그런데 처음에 투자할 때 직원들이 생각했던 것과는 완전히 다른 방식으로 성공하기도 한다.

빠르게 성장하는 시장에서 비즈니스 활동이 활발하고 현금 흐름도 원활할 때는 물음표에 해당하는 상품이나 서비스를 끌고 갈 여유가 있다. 하지만 시장 상황이 나빠지면 신중해져야 한다. 자기 몫을 제대로 해내지 못하는 비즈니스 활동을 두고 냉철한 판단을 내려야 한다. 투자를 계속할지 중단할지 확실하게 결정해야 한다. 기업의 생존을 보장하기 위해서 손실이 나는 프로젝트는 금방 버려라. 자기기만에 빠질 시간은 없다. 희망은 가혹한 시장에서 쓸 수 있는 전략이 아니다.

4) 자본만 잡아먹는 개

전략적 사업 단위의 네 번째 카테고리는 개다. 여기에 해당하는 상품/서비스는 회삿돈도 많이 잡아먹고 현재든 앞으로든 시장에서 앞날이 밝지 않다. 처음에는 이 상품이나 서비스에 투자하는 것이 좋은 생각처럼 여겨졌을 것이다. 이 프로젝트에 감정과 자본이 꽤 들어갔을지도 모르지만, 거의 모든 사람이 프로젝트의 앞날이 어두우리라고 전망한다.

개는 최대한 빨리 없애버려야 한다. 해당 프로젝트에 투입된 인력과 자원을 현금을 생성하고 수익을 올릴 확률이 더 높은 상품이나 서비스에 투입해야 한다.

기업 회생 전문가가 위기에 처한 기업을 넘겨받고서 제일 먼저 하는 일은 개를 전부 없애는 것이다. 그러면 거기 묶여 있던 현금과 인력이 충분히 풀려서 몇 주나 몇 달 만에 기업의 상환 능력이 향상된다. 따라서 이런 작업을 평소에도 정기적으로 해주는 것이 좋다.

즉각적인 조치를 취해라

전략적 사업 단위는 간단한 개념이다. 우선 효자 상품을 최선을 다해 관리해야 한다. 이런 상품을 당연시하지 마라. 수년 동안 효자 상품이 꾸준히 생산될 수 있도록 모든 방법을 총동원해라. 상품을 업그레이드하거나 핵심 고객층을 위해 상품의 매력을 유지하는 데 돈이 필요하다면 망설이지 말고 투자해라.

둘째로 인기 스타를 홍보하는 데 전념해야 한다. 제일 유능하고 에너지 넘치는 인재들을 인기 상품에 배치해라. 그래야 시장에서 그 상품의 잠재력이 충분히 발휘될 수 있다. 최고의 인재 한 명을 선별해서 각 인기 스타의 성공에 책임을 지게 해라. 필요한 자원은 무엇이든 지원해주자. 경쟁자들이 같은 시장에 진입하기 전에 인기 스타를 최대한 많이 팔아야 한다.

셋째로 물음표에 해당하는 상품을 최대한 빨리 해결해야 한다. 앞날이 창창한 상품은 연구와 개발에 반드시 투자해야 한다. 하지만 어느 순간 앞으로 나아갈지 여기서 중단할지 결정해야 할 때가 온다. 새 상품이든 기존에 있던 상품이든 생산 중단 여부를 판단할 기준을 명확하게 설정해라. 규칙을 정하고 나면 따라야 한다.

전략적 사업 단위의 네 번째 카테고리에는 개가 있다. 어떤 상품이나 서비스가 앞날이 어둡다고 판단했다면 당장 생산을 중단해라. 그러고 나면 거기에 묶여 있던 인력과 자원을 수익을 더 많이 올릴 수 있는 영역에 투자할 수 있다. 다음의 질문을 꾸준히 던져보자. "과거로 돌아가더라도 이 상품에 시간과 돈을 많이 들일 것 같은가?"

개별적으로 프로세스 적용하기

전략적 사업 단위를 활용하려면 우선 당신의 상품과 서비스를 개별적인 비즈니스 카테고리에 집어넣어야 한다. 이때 기준으로 삼는 것은 유사성이다. 그러고 나면 모든 상품이나 서비스의 장점을 하나씩 평가해보자. 해당 상품/서비스가 효자 상품, 인기 스타, 물음표, 개 중 어떤 것인지 파악해야 한다.

각각의 상품, 그리고 각 상품의 묶음이 개별적으로 수익을 올리는 사업 단위여야 한다. 전략적 사업 단위를 활용하면 사업의 모든 부분을 명확하게 살펴보고 더 나은 결정을 내릴 수 있어서 좋다. 이때 수익성을 최우선적인 기준으로 삼아야 한다.

기업들이 위기에 처하는 가장 흔한 이유 중 하나는 너무 많은 상품을 한데 묶어서 같은 바구니에 넣기 때문이다. 그러면 어떤 상품이 수익을 내고 어떤 것이 손실을 내는지 판단하기가 거의 불가능해진다. 전략적 사업 단위를 활용하면 이런 위험에서 벗어날 수 있다.

자신의 커리어에도 적용해 보자

이 개념을 당신과 당신의 커리어에도 적용해보자. 당신에게도 재능과 능력, 핵심 역량, 경험, 지식, 교육에 관한 영역이 있을 것이다.

당신의 '효자 상품'은 무엇인가? 어떤 기술이 이 회사에서 당신의 가치를 높여주는가?

당신의 '인기 스타'는 무엇인가? 떠오르는 활동 영역이나 새로 얻은 기술이나 지식 중에서 어떤 것이 미래에 당신의 몸값을 크게 끌어올릴지 생각해보자.

당신에게 '물음표'에 해당하는 것은 무엇인가? 당신이 잠재적으로 큰 성공을 누릴 수 있는 영역이 무엇인가? 어떤 프로젝트, 책무, 기회를 충분히 활용해야 커리어에서 더 빨리 앞으로 나아갈 수 있는가?

마지막으로 당신의 비즈니스 라이프에서 '개'에 해당하는 것이 무엇인지 생각해보자. 과거에 마스터했던 업무나 기술 중에서 당신의 주의를 산만하게 할 만한 것이 무엇인가? 시간은 많이 잡아먹으면서도 당신이 그 시간에 할 수 있는 다른 일이나 활동보다 가치가 떨어지는 것을 찾으면 된다. 당신의 '개'는 무엇인가?

전략적 사업 단위를 개발해라

1. 오늘부터 각각의 상품이나 서비스를 개별적인 사업이라고 생각해보자. 각 상품이나 서비스는 매달 수익을 어느 정도 올려야 한다.

2. 다양한 상품이나 서비스를 비슷한 특징, 비슷한 고객층, 비슷한 시장에 따라서 묶어보자.

3. 당신의 비즈니스에서 효자 상품은 무엇인가? 전체적으로 수익을 내는 데 꼭 필요한 주력 상품이나 서비스가 무엇인가?

4. 효자 상품을 보호하고 보살피기 위해서 무엇을 할 수 있는가? 효자 상품에도 신경을 써야 먼 미래에도 계속 매출을 올리고 현금 유동성도 양호하게 유지할 수 있다.

5. 당신의 사업을 빛나게 해주는 인기 스타의 상품이나 서비스가 무엇인가? 어떤 상품이 잘 팔리는가? 어떤 상품이 시장 점유율을 높이고 수익을 많이 올리는 데 도움이 되는가?

6. 인기 스타의 상품이나 서비스의 판매량과 수익성을 늘리려면 어떻게 해야 하는가?

7. 당신의 비즈니스에서 물음표에 해당하는 상품/서비스는 무엇인가? 지금 판매하는 상품이나 서비스 중에서 어떤 것의 생산 여부를 결정해야 하는가?

8. 개에 해당하는 상품/서비스는 무엇인가? 어떤 상품이나 서비스를 더는 제공하지 말아야 하는가?

제15장

더 효과적으로 팔아라

"대중에게 프로답고 긍정적인 모습을 보여주면

당신의 기업에 대한 사람들의 인식이 놀랍도록 좋아진다."

– 스티브 에스트리지(Steve Estridge)

나는 가끔 내 강의를 찾는 청중에게 이렇게 묻는다. "지금보다 물건을 두 배 많이 팔게 된다면 그 주문을 다 소화할 수 있을 것 같습니까?" 비즈니스 리더들은 대체로 현재 투입 가능한 자원의 양을 떠올렸을 때 상품이나 서비스의 주문량이 두 배 늘어도 주문을 다 거뜬히 소화할 수 있으리라고 대답한다.

그런 답을 듣고 나면 나는 이렇게 묻는다. "그럼 왜 두 배 더 많이 팔지 않으십니까? 무엇 때문에 주저하시는 겁니까?" 그러면 청중은 나를 멍하니 쳐다본다. 마치 그런 생각은 한 번도 해보지 않았던 것처럼.

아직 손대지 않은 시장의 잠재력을 찾아라

잠재 고객의 80퍼센트는 당신의 영업이나 홍보 활동을 구경조차 하지 못했다. 이것이 현실이다. 잠재 고객 대부분은 당신이 누구인지 모른다. 당신의 상품이나 서비스를 이용하면 삶의 질이 높아지리라는 것도 모른다. 아무도 알려주지 않았기 때문이다.

방법을 찾아낼 수만 있다면 지금보다 물건을 두 배 더 많이 팔 수 있을 것이다. 이 방법을 찾는 것은 당신의 몫이다.

판매를 둘러싼 핵심 질문

고객과 함께 마케팅 전략을 세울 때 나는 아래에 소개하는 핵심 질문을 던진다. 이 질문을 만드는 데 내가 25년 동안 연구하고 경험한 것들이 필요했다. 이 질문은 공식이나 요리법처럼 영업과 마케팅 프로세스의 모든 부분을 다룬다. 이 질문에 답하면 당신의 영업 상황(과거, 현재, 미래)을 간단하게 분석해볼 수 있다. 질문은 바로 이것이다.

"누가 무엇을 누구에게 어떤 가격에 어떻게 파는가? 어떻게 돈을 받고 만족스럽게 배송할 수 있는가?"

이 질문의 어느 부분이든 제대로 답하지 못하면 영업 활동이 완전히 실패로 돌아갈 우려가 있다. 그런데 안타깝게도 거의 모든 기업이 이 질문에 똑바로 대답하지 못한다.

1) 누가 팔 것인가?

질문의 첫 번째 부분은 '누가 팔 것인가?'이다. 누가 상품이나 서비스를 실제로 판매하고 고객에게서 돈을 받을 것인가? 영업사원을 어떻게 채용하고 훈련하고 관리하고 현장에 투입하고 지원할 것인가? 이 영업사원이 어떻게 필요한 단서를 포착하고 잠재 고객을 상대할 것인가? 이런 질문들을 던져봐야 한다.

영업사원은 군대에서 보병과 같은 존재다. 전쟁에 나서기 전에 이 보병을 어떻게 선발하고 지원할지 신중하게 생각해야 한다. 영업사원이 당신이 파는 것을 살 수 있는 사람을 만났을 때 할 말과 행동도 미리 준비해야 한다.

2) 무엇을 팔 것인가?

질문의 두 번째 부분은 '무엇을 팔 것인가?'이다. 이 질문에 똑바로 답하려면 당신의 상품이나 서비스가 무엇인지 정의해야 한다. 그것이 어떤 기능을 하는지, 그리고 고객에게 어떤 이득이 돌아가는지 따져보자. 당신의 상품이나 서비스가 고객의 삶 또는 일에 어떤 도움을 주는가? 고객이 당신에게서 물건을 사고 나서 누릴 수 있는 모든 혜택을 통틀어서 가장 중요한 것이 무엇인가? 시장에 있는 다른 경쟁자들과 달리 당신만이 제공하는 것이 무엇인가? 이 질문에 대한 답을 아는지 곰곰이 생각해보자.

3) 누구에게 팔 것인가?

질문의 다음 부분은 '누구에게 팔 것인가?'이다. 이 질문에 답하려면 이상적인 고객이 누구인지 분명하게 정의해야 한다. 그러고 나서 영업 활동의 초점을 이런 유형의 사람들에게 맞춰야 한다. 당신의 상품이나 서비스를 구매할 확률이 가장 높은 사람의 심리 통계학적·인구 통계학적 프로필을 작성해보자. 당신의 물건을 통해 가장 손쉽게 이득을 볼 사람이 누구일지 생각해보면 된다. 이런 점이 명확하지 않으면 당신이 고용한 영업사원들은 기관총을 난사하듯이 시장에서 잠재 고객이 전혀 아닌 사람들을 상대로 애꿎은 영업 활동을 벌일지도 모른다.

4) 얼마에 팔 것인가?

질문의 다음 부분은 '어떤 가격에 팔 것인가?'이다. 이 질문에 대한 답이 고정되어 있고 바꿀 수 없을 때도 있다. 하지만 당신이 상품이나 서비스에 값을 매기는 방식이 매출과 수익성을 결정짓는 핵심 요인일 때가 많다.

시장이 달라지면 적응해야 하며, 고객의 반응이나 경쟁의 압박에도 반응해야 한다. 그러려면 필요할 때마다 가격이 적당한지 따져봐야 한다. 오늘 가격을 처음부터 다시 책정한다고 상상해보자. 그러면 현 시장에 관해 지금 알고 있는 것을 바탕으로 어떤 식으로든 올리거나 낮추거나 바꾸고 싶은 가격이 있는가?

5) 어떻게 팔 것인가?

질문의 다음 부분은 '돈을 어떻게 받을 것인가?'이다. 고객이 돈을 전부 선결제하는 시스템인가? 아니면 보증금을 미리 내야 하는가? 잔금은 나중에 특정한 조건에 맞춰서 내면 되는가? 고객이 신용으로 돈을 빌리거나 자금을 조달할 수 있는가? 이런 질문들에 답해보자. 경쟁 상대들이 고객에게서 돈을 어떻게 받는지가 특히 중요하다.

결제 방식이나 가격 구조에 변화를 주는 것만으로도 매출이 현저히 늘어날 때가 많다. 고객이 당신의 상품이나 서비스를 더 매력적으로 느끼고 더 쉽게 사도록 오늘날의 시장에서 무엇을 다르게 할 수 있는가?

6) 어떻게 배송할 것인가?

질문의 마지막 부분은 '어떻게 만족스럽게 배송할 것인가?'이다. 정확히 어떤 과정을 거쳐서 상품이나 서비스가 고객에게 전달되는가? 어떻게 해야 고객이 만족해서 당신에게서 물건을 또 사고 다른 사람들에게도 권할 것인가?

배송과 그 이후의 단계에서 고객 만족도를 높이면 앞으로 매출이 많이 늘 수 있다.

이런 질문들에 관해서 끊임없이 생각하고 어떻게 해야 더 효과적으로 답할 수 있을지 고민해보자. 변화하는 시장에서 당신의 답이 오늘 얼마나 적합한지에 따라 회사의 상태가 결정된다.

세계적인 수준의 영업팀을 꾸려라

이 과정의 핵심은 영업에 들어가는 노력이다. 하지만 안타깝게도 영업을 해본 적이 전혀 없는 사람들이 기업을 경영할 때가 많다. 그러다 보니 경영진이 영업이 얼마나 중요한지 이해하지 못한다. 그냥 광고 두어 개쯤 내고 영업사원 몇 명 뽑으면 회사가 알아서 굴러가리라고 생각한다. 그래서 매출이 줄어들거나 아무도 광고에 반응하지 않거나 영업사원들이 아무것도 팔지 못하면 당황한다.

수익을 많이 내는 성공적인 기업은 전부 훌륭한 영업사원들을 두고 있다. 예외는 없다. 이런 사원들은 최고의 관리자들이 신중하게 고용한 인재들이다. 훈련도 많이 받았다. 훈련만 수개월씩 받는 영업사원들도 있다. 이들은 매일 또는 매주 뛰어난 영업부 고위직들이 전문적으로 관리하는 고급 인력이다. 선배들은 수년간의 경험을 토대로 무엇을 신입사원에게 가르쳐야 하는지 안다. 새로운 영업 팀장이나 관리자를 데려오는 것만으로도 매출은 극적으로 늘어날 수 있다. 그 덕택에 회사 전체의 실적이 크게 호전될 수 있다.

세계적인 수준의 영업팀을 꾸리는 능력이 어떤 시장에서든 살아남는 비결이다. 시장이 가혹해지고 경쟁이 더 치열해질수록 이런 노력에 초점을 맞추고 집중해야 한다.

영업팀이 사업의 속도와 효율을 결정한다

효과적인 영업팀을 꾸리는 것은 예술이자 과학이다. 영업사원을 고용하는 것부터 훈련하고 매일 관리하기까지 신경 써야 할 일이 많다. 비즈니스의 성공이 영업에 달린 기업이라면 영업팀을 잘 꾸리는 기술이 가장 중요하다. 영업팀은 자동차의 엔진과도 같다. 엔진의 마력과 효율이 자동차 전체의 속도와 효율을 결정한다.

여러 기업이 영업에 들이는 노력에 전념하는 것만으로도 매출 향상에 큰 효과를 본다. 잘나가는 기업에서는 자사가 어떤 유형의 영업사원을 원하는지에 대한 기준이 분명하다. 그래서 영업사원을 신중하게 고용하고 철저하게 훈련하며 전문적으로 관리한다. 그 결과 매출과 현금 흐름이 크게 개선되고 어떤 시장에서든 역경을 헤쳐 나간다.

더 효과적으로 팔아라

1. 당신의 상품이나 서비스를 판매할 때 정확히 어떤 프로세스를 거치는가? 고객과 처음 접할 때부터 판매에 성공하기까지 거치는 과정을 살펴보자. 그 과정을 구체적으로 알고 있는가? 어떻게 해야 프로세스를 개선할 수 있는가?

2. 잠재 고객이 경쟁 상대가 아닌 당신의 상품을 선택하려면 어떤 확신이 필요한가?

3. 만일 돈이 문제가 되지 않는다면 경쟁 상대의 상품보다 당신의 상품이 더 매력적으로 보이도록 어떤 노력을 할 것 같은가? 구체적으로 어떤 결과나 혜택을 제공할 수 있는가?

4. 당신의 회사에서는 어떤 과정을 거쳐서 영업사원을 고용하는가? 어떤 매체를 이용하는가? 영업사원에게 어떤 수준의 교육과 경험을 요구하는가?

5. 영업사원들을 위해서 어떤 유형의 보상 시스템을 갖추고 있는가? 무엇을 바탕으로 한 시스템인가? 시스템을 어떻게 개선해야 영업사원들이 실적을 더 많이 올릴 수 있을 것인가?

6. 당신의 물건을 사고 나서 만족한 고객의 권유로 들어오는 주문이 몇 건이나 되는가? 어떻게 해야 고객이 주변에 추천을 더 많이 할 것인가?

7. 왜 매출이 벌써 두 배로 뛰지 않았는가? 어떤 식으로 영업해야 당신의 회사에 관해서 알지 못하는 시장의 80퍼센트인 잠재 고객을 공략할 수 있는가?

제16장

장애물을 제거해라

"문제를 성공적으로 해결하려면

적합한 측면을 골라야 한다.

요새를 공격할 때

취약한 부분을 노리는 것이나 마찬가지다."

− 조지 폴리야(George Polya)

우리 몸에서 동맥이 한 군데만 막혀도 심장마비를 일으킬 수 있다. 잘못하면 다른 데는 다 건강한 사람도 사망에 이를 수 있다. 제임스 픽스(James Fixx)는 건강을 위한 조깅을 대중화한 선구자였다. 그는 생전에 미국에서 가장 잘 달리는 사람 중 한 명이었고 올림픽에 출전해도 될 정도의 실력자였다. 그런 픽스가 몇 년 전에 달리다가 심장마비로 세상을 떠났다. 플라크 조각이 떨어져 나와서 심장에 박혀버린 탓이다. 그의 나이 만 52세였다.

제임스 픽스는 어떤 면으로 보나 지구상에서 가장 건강한 사람 중 한 명이었다. 하지만 한 군데가 막힌 것만으로 목숨을 잃고 말았다.

이와 똑같은 원칙이 기업, 커리어, 개인의 삶에도 적용된다. 치명적인 결점 하나 때문에 많은 것을 잃을 수도 있고 때로는 모든 것을 잃을 수도 있다.

성장을 막는 요인을 파악해라

당신의 사업에도 중대한 장애물이나 제한 요인이 있을 것이다. 이런 장애물이 당신이 목표를 얼마나 빨리 이룰 수 있는지 결정한다. 제한이 있으면 일하는 속도도 느려지고 당신이 원하는 매출과 수익을 달성하기도 어려워진다. 중대한 장애물은 회사에 치명타를 입힐 수 있을 만큼 강력하다.

당신의 발목을 잡는 것이 무엇인지 파악하고 그것을 제거해라. 그래야 당신이 세운 목표를 더 빨리 달성할 수 있다. 그 어떤 일보다도 이 작업이 시급하다. 제약 분석(constraint analysis) 기술을 익히면 남은 커리어 내내 유용하게 쓸 수 있을 것이다.

목표를 제한하는 이유가 무엇인가?

제약 분석 과정을 비즈니스에 적용하려면 몇 가지 단계를 거쳐야 한다. 첫째로 비즈니스 목표를 구체적으로 정해야 한다. 목표를 명확하게 측정 가능한 방식으로 정하고 시간제한도 두는 것이 좋다.

둘째로 "내가 왜 그 목표를 아직 달성하지 못했는가?"라는 질문에 관해 생각해보자. 무엇이 당신의 발목을 잡는가? 무엇이 장애물이나 애로사항으로 작용하는가? 이런 장애물이 당신이 매출, 현금 흐름, 수익에 관해 세워둔 구체적인 목표를 빨리 달성하는 데 영향을 끼친다.

이제 아까 던졌던 질문으로 돌아가보자. "매출도 두 배로 늘리고 월급도 두 배로 올리고 싶은가?" 대답이 "네"라면 왜 아직도 그런 일을 해내지 못했는가? 왜 매출이 두 배 높지 않은가? 왜 수익이 두 배 높지 않은가? 무엇이 당신의 발목을 잡는가? 무엇이 당신을 가로막는가? 제한 요인이 무엇인가? 이런 질문들에 대한 답을 찾아보자.

장애물을 제거해라

모든 복잡한 활동에서는 어떤 식으로든 당신이 목표를 달성하는 속도에 영향을 미치는 제한 요인이나 제약이 생긴다. 커다란 공장의 생산 프로세스부터 아침에 출근하는 일에 이르기까지 복잡한 활동은 무궁무진하다. 이런 장애물이나 애로사항은 당신이 원하는 결과를 얼마나 빨리 얻을 수 있는지 결정한다. 장애물이 과정 전체의 성패를 좌우할 때도 많다.

장애물을 하나만 제거해도 당신이 원하는 결과를 얻는 속도가 빨라질 수 있다. 속도가 얼마나 빨라질 수 있는지 직접 경험하고 나면 당신뿐만 아니라 주변 사람들도 전부 놀랄 것이다. 전략적 사고를 위한 훈련 중에서 가장 중요한 것이 바로 제약 분석이다. 당신이 원하는 성과를 그 어느 때보다도 빨리 거둘 수 있게 도와줄 단 하나의 활동을 파악하고 거기에 집중하는 것이다.

내부 장애물이 80%다

'80/20 법칙'은 장애물에도 적용된다. 당신의 회사가 목표를 달성하는 데 방해가 되는 장애물의 약 80퍼센트는 회사 내부에 있다. 외부적인 요인이 아니다. 당신의 매출과 수익이 두 배로 뛰지 않는 이유의 약 80퍼센트가 내부적인 문제 때문이다. 약 20퍼센트만이 외부 시장이나 다른 외부적인 요인에 의한 문제다.

이런 내부적인 제약은 업무 과정 자체에 포함되어 있을

수도 있다. 따라서 업무 과정을 부분적으로 또는 전체적으로 로 조정해야 일이 더 빠르고 효율적으로 처리될지도 모른다. 기업의 성장을 저해하는 요소가 특정한 사람이나 기술의 부재일 수도 있다. 특정한 분야의 실력자가 한 명만 들어와도 기업 전체의 실적이 크게 개선될 때도 있다.

무능함도 제한 요인이다

정반대의 상황도 충분히 가능하다. 어쩌면 무능한 사람이 중요한 자리를 꿰차고 있는 것이 제약일지도 모른다. 아무도 그 사람에게 맞서거나 그 사람을 자리에서 끌어내릴 용기가 없을 수도 있다. 무능한 사람을 효과적으로 처리할 의지가 없어서 심각한 곤란에 빠지거나 파산하는 기업이 얼마나 많은지 모른다.

아니면 영업이나 마케팅 능력이 부족한 것이 당신의 제한 요인일 수도 있다. 상품이나 서비스는 우수한데 그것을 팔 수 있는 유능한 직원이 없을지도 모른다. 이런 이유만으로 문을 닫는 기업이 생각보다 많다.

시장에 맞는 상품을 개발해라

기업 내부에 존재하는 장애물은 오늘날의 시장과 어울리지 않는 상품이나 서비스일지도 모른다. 당신이 아무리 열심히 일하고 유능한 직원들을 한가득 거느리고 있어도 당신의 상품을 살 만한 고객이 너무 적을지도 모른다. 매출이 줄어들고 현금 흐름이 원활하지 않은 문제를 해결하려면 잠재 고객의 수요가 더 큰 무엇인가를 개발하거나 제공해야 한다.

생산과 배송이 효율적으로 이루어지지 않는 것이 제한 요인일 수도 있다. 생산과 배송 프로세스가 비효율적이면 비용이 늘어나거나 수익이 줄어들게 된다. 아니면 상품이나 서비스의 결함이 고객 만족도를 떨어뜨리는 것일지도 모른다. 그런 결함 때문에 반품과 환불, 결제 문제, 다른 어려움이 생기는 것일 수도 있다.

내부 상황을 분명하게 파악해라

당신이 감당하는 문제와 장애물의 20퍼센트만이 회사와 당신의 직접적인 통제권 밖에 있다. 시장, 경쟁 상대, 다른 외부 요인이 일으키는 문제는 20퍼센트밖에 되지 않는다. 그렇다고 해서 당신의 성장과 수익성에 방해가 되는 중요한 외부 요인이 없다는 말은 아니다. 다만 문제점을 찾을 때 기업 내부부터 살펴보는 것이 현명하다는 뜻이다. 그러고 나서 관심을 바깥으로 돌려도 늦지 않는다.

비즈니스의 성공을 위해서는 반드시 주요 장애물이나 제약을 파악하고 거기에 초점을 맞춰야 한다. 가장 중요한 비즈니스 목표를 달성하는 속도를 좌우하는 단 하나의 요인을 완화하는 데 전념해라. 이 작업을 성공적으로 해내면 같은 시간과 노력을 들여 할 수 있는 그 어떤 일보다도 큰 이득이 돌아올 것이다.

제약을 분석하고 제거하는 일은 비즈니스의 성공과 실패를 좌우한다. 이것이 터보 전략 프로세스의 핵심적인 부분이기도 하다. 당신이 할 수 있는 최악의 일은 장애물을 잘못 파악하는 것이다. 그랬다가는 진짜 장애물은 그대로 두고 가짜 장애물에 초점을 맞추게 될 것이다.

개인적인 장애물을 찾아내라

개인적인 삶과 목표에 관해서도 생각해보자. 자신에게 이런 질문들을 던지면 된다. "내가 가장 중요하게 생각하는 목표가 무엇인가? 내가 왜 그 목표를 아직도 달성하지 못했는가? 내 안에서 내 발목을 잡는 것이 무엇인가?"

특정한 특징, 자질, 기술이 부족해서 당신이 목표를 달성하는 속도가 느려지는가? 아니면 어떤 태도나 믿음이 부족한 게 문제인가? 가장 중요한 질문은 바로 이것이다. "주요 장애물을 제거하기 위해 당장 어떤 일을 할 수 있는가?"

장애물을 제거해라

1. 매출과 수익성에 관한 목표를 명확하게 설정해라. 목표는 측정 가능해야 한다. 그러고 나서 "내가 이 목표를 달성하는 속도를 결정하는 것이 무엇인가?"라는 질문을 던져보자.

2. 다음의 문장을 완성해보자. "________이 없었다면 우리 매출이 두 배로 뛰었을 것이다." 빈칸에 들어갈 말을 찾아보자.

3. 가장 중요한 목표를 달성하는 데 방해가 되는 주요 요인이 무엇인가? 어떻게 해야 그 장애물을 제거할 수 있는가?

4. 당신의 발목을 잡는 제한 요인을 찾을 때는 회사 내부부터 살펴보자. 비즈니스에 방해가 되는 장애물이 무엇인가?

5. 중요한 자리에 있는 직원을 한 명씩 평가해보자. 그들이 전부 비즈니스의 성공에 필요한 일들을 해낼 수 있을 만큼 유능한가?

6. 비즈니스의 성공에 방해가 되는 주요 장애물이 무엇인지 알아내야 한다. 그러고 나서 "우리의 발목을 잡는 것에 또 무엇이 있는가?"라는 질문에 대한 답을 찾아라. 문제점을 제대로 파악할 때까지 계속 "무엇이 더 있는가?"라는 질문을 던져보자.

7. 당신의 커리어와 개인적인 삶을 살펴보자. 무엇이 당신이 목표를 달성하는 속도를 결정하는가? 당신의 내면에서 답을 찾아봐라.

제17장

기업을 재조직해라

“팀의 생산성은

팀원들이 회사의 목표와 관련해서

자신의 목표를

어떻게 생각하는지에 달렸다.”

– 폴 허시(Paul Hersey)

당신의 목표는 날렵하고 효율적이고 수익을 많이 올리는 기업을 만드는 것이어야 한다. 버려지거나 남는 것 없이 어떤 시장에서든 어떤 측면에서든 매끄럽게 굴러가는 회사가 필요하다. 그러기 위해서는 업무가 간소화되고 능률화되어야 한다. 당신이 던져야 할 단 하나의 질문은 바로 이것이다. "내가 이 목표를 어떻게 달성할 것인가?"

'재조직 프로세스'는 마이클 해머(Michael Hammer)와 제임스 챔피(James Champy)의 『리엔지니어링 기업혁명』에 언급되고 나서 유명해졌다. 재조직 프로세스는 딱 한 가지를 뜻한다. 비즈니스를 하는 과정을 간소화하는 것이다. 그래야 조직이 능률화되고 효율적으로 돌아간다. 일 처리가 빨라야 결국에는 수익도 더 많이 날 수 있다.

복잡한 절차와의 전쟁이 필요하다

삶의 어떤 부분에서든 일이 자연스럽게 복잡해지는 경향이 있다. 비즈니스와 관료적인 절차에서는 특히 더 그렇다. 단순했던 과정도 점진적으로 복잡해져서 결국 같은 결과를 얻으려면 더 많은 활동을 거쳐야 한다. 새로운 단계를 추가할 때는 그런 작업이 논리적인 것처럼 보인다. 하지만 그런 식으로 추가된 단계가 쌓이면 필요한 비용이 늘어나고 전체적인 프로세스의 효율성이 떨어진다.

절차가 복잡해지면 위험성도 커진다

수년 동안 여러 기업이나 조직과 일한 결과 나는 '복잡성의 법칙'이라는 것을 만들게 되었다. 이 법칙에 따르면 '어느 과정이 복잡해지는 정도는 그 과정에 포함된 단계의 개수의 제곱으로 증가'한다.

복잡성이란 '어떤 업무를 완수하거나 프로젝트를 끝내는 데 드는 비용과 시간, 그리고 실수가 늘어날 가능성'이라고 정의할 수 있다.

이 정의에서 가장 중요한 부분은 비용, 시간, 실수와 관련된 '가능성'이다. 그렇다고 해서 새로운 단계를 집어넣어서 생기는 추가 비용과 일정 지연이 꼭 나쁜 결과로 이어진다는 것은 아니다. 다만 절차가 복잡해지면 그럴 가능성이 매우 커진다는 뜻이다.

복잡성 레벨은 기하급수적으로 증가한다

이것이 바로 복잡성의 법칙이 적용되는 방식이다. 어떤 과정이든 단계가 하나밖에 없을 때는 $1^2=1$이다. 단계가 하나밖에 없으면 복잡한 정도도 매우 낮다. 필요한 잠재적인 비용, 시간, 실수도 적다. 예를 들면 전화를 걸기로 했다고 생각해보자. 전화를 직접 걸면 단순하고 직접적인 행동만 이루어진다. 복잡한 일이 전혀 없다. 할 수 있는 실수도 한 가지뿐이다. 전화번호를 잘못 누르는 일밖에 없다.

여기에 단계를 하나 더하면 복잡성 레벨은 $2^2=4$이다. 이제 복잡성 레벨이 1에서 4로 뛰었다. 실수, 비용 증가, 일정 지연이 일어날 확률이 400퍼센트나 높아졌다. 전화를 거는 상황을 다시 생각해보자. 다른 사람에게 전화를 대신 걸어

달라고 부탁하면 절차가 복잡해진다. 전화를 대신 건 사람이 메시지를 전달하고 수화기 너머의 상대방이 그것을 듣고 뭐라고 말했는지 알려주길 바라면 소통 오류가 일어날 확률과 메시지가 제대로 전달되지 못할 확률이 매우 높아진다.

여기에 세 번째 단계를 더하면 $3^2=9$가 된다. 이제 잠재적인 비용, 일정 지연, 실수와 관련해서 복잡성 레벨이 9가 되었다. 아까처럼 다른 사람에게 전화를 걸어달라고 부탁하는 상황을 상상해보자. 메시지를 전달하고 그에 따른 상대방의 대답을 듣고 그에 따른 답변을 다시 전해야 한다면 전화를 직접 걸기로 했을 때보다 소통 오류, 늘어난 비용, 일정 지연, 다른 문제 등이 나타날 확률이 무려 900퍼센트나 증가한다.

이런 식으로 단계를 더할 때마다 복잡성 레벨은 기하급수적으로 증가한다. 단계가 10~15개씩 있으면 비용, 시간, 실수와 관련된 문제가 생길 확률이 천장을 뚫고 나갈 정도다. 프로젝트의 복잡성 레벨이 너무 높으면 일 하나 처리하는 데 비용도 많이 들고 실수도 자주 생긴다.

단계를 줄여라

그렇다면 일과 비즈니스를 간소화하고 능률화하는 작업의 핵심이 무엇일까? 각 절차에 필요한 단계의 수를 줄이는 능력이다. 단계를 하나만 줄일 수 있어도 상황이 나아진다. 그러니까 다섯 단계(복잡성 레벨 25)를 네 단계(복잡성 레벨 16)로 줄이면 비용, 일정 지연, 실수에 시달릴 확률이 확연히 줄어든다! 단계를 줄이면 더 빨리, 더 적은 비용으로, 실수를 더 적게 하면서 원하는 결과를 얻을 수 있다.

기업을 재조직하려면 시간을 많이 잡아먹고 복잡해진 비즈니스 활동을 잠깐 멈춰보자. 축구 경기에서 타임아웃을 요청하는 것과 마찬가지다. 시계를 멈추고 나서 프로세스에 포함된 모든 단계를 나열해보자. 단계를 순서대로 적으면 된다.

단계를 30% 생략해라

절차에 포함된 단계를 전부 적었으면 목록을 찬찬히 살펴보자. 생략할 수 있는 단계를 어떻게든 찾아내야 한다. 우리는 이제 단계를 하나만 줄여도 일이 훨씬 덜 복잡해진다는 것을 안다. 복잡성 레벨이 낮아지면 일이나 업무를 완수하는 속도가 빨라질 것이다.

경영 컨설턴트가 된 것처럼 자신에게 까다로운 질문을 던져야 한다. 마치 외부에서 전문가를 부른 것처럼 프로세스에 포함된 각각의 단계가 왜 필요한지 따져보자. 단계마다 목적이 무엇인가? 왜 이런 방식으로 일이 이루어지는가?

그러고 나서 목록을 다시 살펴보자. 이번에는 단계의 최소 30퍼센트를 없애는 것이 목표다. 이 목표는 생각보다 어렵지 않게 달성할 수 있다. 관련된 사람들도 놀랄 정도다. 창의력을 조금만 발휘하면 된다.

절차를 줄여서 일 처리의 속도를 높여라

예를 하나 들어보자. 노스웨스턴 뮤추얼 생명보험(Northwestern Mutual Life Insurance Company)은 승인 절차를 손보기 전에는 현장에서 넘어온 생명보험 신청서를 승인하는 데 6주나 걸렸다. 신청서가 최초의 직원에게 돌아갈 때쯤이면 잠재 고객은 다른 회사를 찾아서 이미 떠났거나 보험을 들 마음이 사라진 후였다.

6주짜리 과정을 들여다보니 생명보험 신청서를 승인하거나 기각하는 데 스물네 단계나 있다는 사실이 밝혀졌다. 직원 스물네 명이 신청서를 보고 각자 맡은 부분을 검토해야 했다. 그런데 직원들이 신청서 한 통에 할애한 시간은 전부 합쳐서 17분밖에 되지 않았다.

알고 보니 이 프로세스는 수년에 걸쳐서 이런 식으로 정착된 것이었다. 지원서를 승인할 때 실수를 방지하기 위함이었다. 실수가 발생했을 때마다 신청서의 특정 부분을 한 번 더 확인하거나 관리하는 단계가 추가된 것이다.

하지만 프로세스가 너무 번거로워져서 절차를 재조정하자는 결정이 났다. 방법은 꽤 간단했다. 스물네 단계 중 스물세 단계를 한 사람이 맡아서 하는 한 가지 일로 압축시킨 것이다. 그 직원은 신청서의 여러 세부 사항을 확인하고 신청서를 관리자에게 넘겼다. 관리자는 단순히 그 직원이 분석한 내용을 살펴보고 신청서를 승인하거나 기각했다. 그러면 최종 답변이 24시간 안에 현장으로 돌아갔다. 일 처리가 빨라진 덕택에 노스웨스턴 뮤추얼 생명보험은 매년 수억 달러어치의 생명보험을 판매하게 되었다.

여러 단계를 하나로 통합해라

가능한 한 불필요한 단계를 전부 없애는 것부터 시작해보자. 그러고 나서 여러 단계를 하나로 통합할 방법을 찾아야 한다. 그래야 여러 단계를 한 사람이 처리할 수 있다. 시간이 지체되지 않게 여러 단계를 한 번에 해결하는 방법도 있다.

요즈음 효율적인 소형 항공사들이 이런 식으로 운영된다. 자세히 관찰해보면 고객의 체크인을 돕고 표를 주는 직원이 비행기에 오르기 전에 표를 검사하는 직원과 같은 사람이다. 기내에 앉아서 올려다보면 같은 직원이 승무원 역할도 하고 있다. 비행기가 도착하면 그 직원은 신문을 정리하고 기내를 청소하기 바쁘다. 하지만 이런 일을 각각 다른 직원이 하는 항공사들도 있다. 둘 중 어떤 유형의 항공사가 수익이 더 많이 나고 더 효율적일 것 같은가?

가능한 한 모든 것을 외부에 위탁해라

다른 기업이 당신 대신 해줄 수 있는 모든 일을 외부에 위탁할 방법을 찾아보자. 핵심 비즈니스의 일부가 아닌 업무는 전부 아웃소싱 후보가 된다. 회계, 컴퓨터/인터넷 보수 관리, 급여 지불 명부, 인쇄 등 후보는 다양할 것이다. 어차피 특정한 비즈니스 기능을 전문적으로 수행하는 기업들이 당신보다 그 일을 저렴한 비용에 더 잘 해낼 수 있다.

가치가 적은 업무를 위임해라

다른 사람들이 할 수 있는 업무는 어떤 것이든 위임해라. 그래야 가치가 더 큰 일에 집중할 수 있다. 당신의 상품, 서비스, 고객에게 가치를 더하지 못하는 활동은 중단해라. 업무 프로세스에 포함된 단계를 줄일 방법을 끊임없이 찾아야 한다.

습관이란 무서운 것이다. 일을 특정한 방식으로 하는 데 익숙해지면 방식을 바꾸기 귀찮아진다. 하지만 고객이 정말 가치 있게 여기는 것들을 더 하기 위해서 다른 데 묶여 있는 시간과 자원을 풀어줘야 한다면 당신의 일 처리 방식을 세세하게 뜯어봐야 한다. 업무의 최대한 많은 부분을 통합하고 외부에 위탁하고 다른 사람에게 위임하고 없앨 수 있도록 냉철하게 판단해라.

더 중요한 일에 집중해라

업무 프로세스에 포함된 각각의 단계는 잡초나 마찬가지다. 뿌리째 뽑아버리지 않으면 나중에 걷잡을 수 없을 만큼 복잡해진다. 특정한 활동을 아예 관두는 것이 당신이 할 수 있는 가장 현명한 일일 때도 있다. 이 기회에 불필요한 활동을 프로세스에서 완전히 없애버려라. 크게 가치 있거나 다시 손댈 만한 일이 아니라는 판단이 들면 제거하는 것이 좋다. 시간과 에너지를 더 중요한 일에 쏟자. 잠재적으로 더 이득이 될 만한 일에 자원을 집중하는 편이 낫다.

일을 맡길 다른 사람을 찾아라

커리어 초반에는 다양한 업무를 하게 된다. 그러다가 책임감이 더 큰 자리로 승진하면 상황이 달라져야 하는데 기존에 하던 업무도 따라올 때가 많다. 오래된 친구처럼 익숙한 일이기 때문이다. 이미 마스터한 업무에 기대게 되는 것은 너무나 자연스러운 현상이다. 특히 마감일이 임박했거나 초조해질 때 예전에 하던 일이 더 편해진다.

이런 말을 들어본 적이 있을지도 모른다. "일을 똑바로 처리하고 싶으면 직접 해야 한다." 하지만 이것은 옛날식 사고방식이다. 이제는 달라졌다. "일을 똑바로 처리하고 싶으면 그 일을 거의 당신만큼(또는 당신보다 더) 잘할 수 있는 사람을 찾아야 한다."

예외만 관리해라

책임자를 선정하는 연습을 해보자. 다른 사람이 특정한 일을 혼자 온전히 책임지게 해라. 그래야 당신이 그 일로부터 완전히 자유로워질 수 있다. 복잡한 업무를 간소화하고 줄일 방법을 찾아야 한다.

업무를 간소화하는 또 다른 방법은 예외만 관리하는 것이다. 유능한 사람에게 일을 맡겼으면 평소에는 신경 쓰지 마라. 상황이 두 사람이 합의한 내용과 달라질 때만 보고를 받으면 된다. 책임자를 지나치게 관리하려고 들거나 자잘한 업무를 자꾸 승인하려고 하지 마라. 어떻게든 절차를 간소화해라.

결정을 더 빨리 내려라

업무 프로세스의 속도를 높이는 또 다른 방법은 결정을 빨리 내리는 것이다. 결정할 일이 쌓이게 두지 마라. 사람들을 기다리게 하지도 마라. 결정을 못 내리거나 결정하길 꺼리면 세면대의 물이 제대로 안 내려갈 때와 비슷한 상황이 발생한다. 프로세스가 중간에서 막혀버린다. 다른 사람이 결정을 내릴 때까지 아무도 자기 일을 할 수가 없다.

의사 결정의 속도를 높이는 제일 좋은 방법 한 가지는 결정을 다른 사람에게 위임하는 것이다. 직원들이 자신의 상식에 따라 스스로 결정을 내리도록 격려해라. 당신의 의견을 묻거나 허락을 구할 필요가 없다는 점을 분명히 밝히자. 직원들이 당신에게 문제나 질문을 들고 오면 항상 이렇게 물어봐라. "우리가 어떻게 해야 한다고 생각하십니까?"

직원들의 대답이 너무 엉뚱한 것만 아니라면 알아서 하게 놔두자. 사람들의 의사 결정 능력이 얼마나 빨리 나아지고 결정이 얼마나 탁월한 것으로 밝혀지는지 알게 되면 놀랄 것이다. 다음의 규칙을 잊지 말자. "당신이 결정할 필요가 없는 일이라면 당신이 절대로 결정하지 말아야 한다." 이것은 당신의 삶을 간소화할 수 있는 최고의 방법이다.

실시간으로 신속하게 일해라

이제부터는 모든 영역에서 업무 처리 시간을 줄이는 데 전력투구해보자. 속도와 효율성을 기준으로 삼아라. 주변에 있는 모두가 긴박감을 느끼게 해라. 일이 들어오는 순간 바로 뛰어드는 것이 좋다. 실시간으로 일해라. 일을 한번 시작하면 신속하게 움직여서 빨리 처리하자.

누군가가 어떤 업무나 프로젝트에 새로운 단계를 추가하자고 권하면 즉시 반대해라. 은퇴할 때까지 일을 더 빠르고 더 쉽게 처리할 방법을 찾아보자. 일의 단계를 줄이면 복잡한 정도도 줄어든다.

개인 생활도 간소화해라

개인 생활도 똑같이 점검해보자. 특히 감당하기 어렵다고 느끼는 영역을 찬찬히 살펴보자. 할 일은 너무 많고 할 시간은 너무 적은 영역부터 손봐야 한다. 당신의 삶을 재조직하겠다는 판단을 내려라.

복잡성을 줄일 방법을 꾸준히 찾아보자. 각각의 절차에

포함된 단계의 수를 줄이면 된다. 다른 사람에게 넘기거나 규모를 줄이거나 아예 없애버릴 수 있는 일과 활동을 끊임없이 찾아라.

그렇게 얻은 귀한 시간은 당신이 가장 좋아하는 일, 그리고 당신의 성공과 행복에 가장 중요한 일에 쓰면 된다.

기업을 재조직해라

1. 어떤 일이든 간소화하는 습관을 들이자. 일하면서 어떤 영역에서 삶이 너무 복잡해졌다는 생각이 드는가? 어떻게 해야 그 영역을 정상적으로 되돌릴 수 있는가?

2. 모든 단계와 모든 활동에서 제로 베이스 사고를 실천해보자. 지금까지 이런 방식을 선택하지 않았더라도 지금부터 이렇게 일할 의향이 있는가?

3. 복잡한 절차나 업무를 하나 골라보자. 그러고 나서 거기에 포함된 모든 단계를 처음부터 끝까지 적어보자. 단계의 30퍼센트를 어떻게 줄일 수 있는가?

4. 어떤 업무나 활동을 다른 사람에게 위임할 수 있는가? 실력이 당신의 70퍼센트 밖에 안 되는 사람에게라도 일을 맡겨야 한다.

5. 특정 분야를 전문적으로 다루는 기업이나 개인에게 아웃소싱할 수 있는 일이 무엇인가?

6. 당신의 일에서 아예 없애버릴 수 있는 부분이 무엇인가? 최종 결과에 거의 또는 아예 영향을 미치지 않을 부분이 분명히 있을 것이다.

7. 개인 생활도 간편하게 정리해보자. 어떤 면을 간소화하고 능률화해야 하는가? 어떤 방법을 동원할 것인가?

제18장

수익을 끌어올려라

"성공한 사람들은

대체로 새로운 재능이나 기회를 얻어서

특별해진 것이 아니다.

가까이 있는 기회를 잘 활용했을 뿐이다."

– 브루스 바턴(Bruce Barton)

경영계에는 이런 말이 있다. "광고에 들어간 돈의 절반은 낭비하는 돈이다. 하지만 어떤 절반이 낭비인지 정확히 아는 사람은 아무도 없다." 그래서인지 광고 예산은 항상 필요 이상으로 많은 것처럼 보인다. 이 문제는 오늘날 여러 기업의 여러 비즈니스 영역에서 골칫거리가 되었다. 돈이 낭비되고 있는데 아무도 돈이 정확히 어디에서 어떻게 빠져나가는지 알지 못한다.

실제 비용을 파악해라

오늘날 여러 기업이 수익이 너무 적거나 수익을 아예 내지 못한다. 비즈니스에 드는 비용이 매출과 제대로 연결되지 않기 때문이다. 문제는 상품이나 서비스를 제공하는 데 실제로 드는 비용에 관해서 아무것도 모르는 사람들이 가격을 정한다는 것이다. 가격을 책정할 때 실수가 생기더라도 전반적인 사업 활동과 총수익에 묻혀버린다.

"물건을 팔 때마다 손해를 보더라도 많이 팔면 괜찮다"라는 말을 들어봤을지 모르겠다.

농담처럼 들릴지 몰라도 실제로 이렇게 돌아가는 회사가 많다. 여러 기업이 너무 많은 상품이나 서비스를 너무 많은 가격대에 판매한다. 너무 많은 시장을 겨냥해서 너무 많은 방식으로 팔기도 한다. 이런 기업 중에는 특정한 상품을 팔고 나면 손해를 보는 곳이 많다. 기업이 상품이나 서비스를 시장에 내놓는 데 드는 실제 비용을 파악하면 수익을 훨씬 많이 올릴 수 있을 것이다.

모든 제품의 수익을 분석해라

터보 전략 프로세스의 가장 중요한 부분 중 하나는 당신이 판매하는 각각의 상품이나 서비스를 대상으로 종합적인 수익 분석을 실시하는 것이다. 안타깝게도 이런 작업을 해본 기업이 거의 없다. 하지만 수익 분석을 적용하기 시작하면 수익이 놀라울 정도로 늘어나는 현상을 목격하게 될 것이다.

수익 분석은 '80/20 법칙'을 사업의 모든 영역에 적용하는 것에서 출발한다. 매출의 80퍼센트를 끌어내는 20퍼센트의 상품이나 서비스가 무엇인지 알아내자. 그러고 나면 수익의 80퍼센트를 올려주는 상품이나 서비스가 무엇인지 찾아보자. 신기하게도 이 두 가지 질문에 대한 답이 다를 때도 있다.

그다음에는 사업에 드는 비용을 분석할 차례다. 비즈니스를 하는 데 드는 비용의 80퍼센트나 차지하는 20퍼센트의 활동이 무엇인지 알아보자. 고객을 분석해서 매출의 80퍼센트를 안겨주는 20퍼센트가 누구인지도 알아내야 한다.

수익이 가장 큰 상품부터 분석해라

물건을 제일 많이 사는 고객이 꼭 수익을 제일 많이 올려주는 고객인 것은 아니다. 수익 분석을 하다 보면 그런 경우를 많이 본다. 마찬가지로 가장 많이 팔린 상품이나 서비스가 꼭 수익률이 가장 높은 것도 아니다. 어떤 고객을 응대할 때나 어떤 상품을 판매할 때 비즈니스 비용이 너무 많이 들어서 인력과 자원을 투자할 가치가 없을 때도 있다. 수치를 꼼꼼하게 살펴봐야만 이런 점을 파악할 수 있다.

기업 회생 전문가가 위기에 처한 기업을 맡으면 수익 분석을 제일 먼저 한다. 모든 상품과 서비스를 분석해서 어떤 것이 수익이 가장 많이 나는지, 어떤 것이 두 번째로 많이 나는지, 어떤 것이 수익이 가장 적게 나는지 알아낸다.

이 분석을 마치고 나면 전문가는 사업에서 수익을 올리지 못하는 요인들을 중단하고, 재고를 처분하고, 폐기하는 작업을 신속하게 진행한다. 전문가의 초점은 오로지 현금의 흐름에 맞춰져 있다. 현금 흐름이 원활하려면 무엇인가를 팔고 돈을 빨리 받아야 한다.

현금 흐름에 초점을 맞춰라

항상 스스로 기업 회생 전문가인 것처럼 행동해야 한다. 특히 어떤 이유로든 비즈니스의 속도가 느려지면 사업을 더 날카롭게 들여다봐라. 수익을 끌어올리려면 당신의 사업에 대한 종합적인 수익 분석을 실시해야 한다. 그리고 나서 순

현금을 가장 많이 불러오는 공급원에 기업의 에너지를 즉시 집중시켜라. 이 과정을 위해서는 당신의 사업을 꾸준히 분석해야 한다. 그래야 당신이 판매하는 각 상품과 서비스의 상대적인 수익성을 단돈 1달러까지도 정확하게 알 수 있다.

여러 기업은 크기가 커지면서 다양한 비용을 '관리비'에 점점 더 많이 집어넣는 습관이 생긴다. 월급, 대여료, 통신비, 출장비, 심지어 광고 비용도 관리비에 넣어버린다. 하지만 특정한 상품이나 서비스와 직접 관련이 있는 비용만 관리비에 포함해야 한다. 그러지 않으면 너무 여러 비용이 장부에 묻혀버리고 책임자조차 현금이 정확히 어디서 생겨서 어떻게 쓰이는지 알기 어려워진다.

수익률이 가장 높은 상품부터
가장 낮은 상품까지 나열해라

다행히 조금만 노력하면 모든 상품과 서비스를 수익성에 따라 차례대로 나열할 수 있다. 수익률이 가장 높은 상품부터 가장 낮은 상품까지 한번 나열해보자. 상품 한 개나 한 시간당, 그리고 순 금액을 단위로 삼으면 된다. 항상 어떤 상품이나 서비스보다 수익률이 더 높은 것이 있기 마련이다. 수익률이 제일 높은 상품을 바짝 쫓아오는 수익률이 두 번째로 높은 상품이 있을 것이다. 수익률을 따졌을 때 세 번째인 상품, 네 번째인 상품이 무엇인지 파악하고 그런 식으로 쭉 나열해보자. 당신이 할 일은 수익률이 높은 상품을 찾아내고 모든 상품을 수익성에 따라 정확한 순서로 나열하는 것이다.

비용을 정확하게 계산해라

수익 분석을 시작하려면 상품이나 서비스를 통해 얻은 정확한 총매출액을 알아내야 한다. 그러고 나면 결함, 반품, 파손, 분실, 소모, 악성 부채를 전부 차감한 매출액이 얼마인지 알아보자. 빼놓는 것 없이 꼼꼼하게 차감해야 계산이 정확해진다. 그래야 매출로 얻은 실제 판매액이 얼마인지 확실하게 알 수 있다.

정확한 수치가 나왔으면 그다음에는 해당 상품이나 서비스를 고객에게 제공하기까지 드는 비용을 전부 따져봐야 한다. 여기에는 상품이나 서비스를 생산하고 배송하는 직접비

뿐만 아니라 간접비, 변동비, 준변동비도 모두 해당한다. 이런 비용을 계산할 때 정말 솔직하게 따져봐야 정확한 수치를 얻을 수 있다.

계산할 때 상품이나 서비스와 어떤 식으로든 관계된 직원들의 인건비도 잊지 마라. 대관료, 전기세, 통신비, 수도세, 가스비, 일반 행정 비용도 따져보고 빼야 한다. 해당 상품의 수익성을 제대로 평가하려면 이런 실질적인 비용을 전부 반영해야 한다.

이 작업을 아직 안 했으면 광고, 홍보, 마케팅, 인건비, 수수료도 따져보자. 특히 당신이 투자한 시간과 다른 간부들이 투자한 시간을 빠뜨리지 말고 계산해야 한다. 판매한 상품이나 서비스의 각 단위당 시급을 바탕으로 계산해보자.

시급을 계산해라

시급에 관한 이야기를 꺼내면 혼란에 빠지는 사람이 많다. 직원 한 명을 계속 고용하려면 회사가 그 직원이 받는 임금의 3~6배나 되는 돈을 써야 한다. 그것이 현실이다. 회사에서 제공하는 혜택, 사무실 비용, 직원이 일하는 데 필요한 다른 시설에 관한 비용이 들기 때문이다. 유급 휴가, 퇴직 연금, 그 직원을 감독하거나 지원해주는 다른 관리자와 직원들에 들어가는 비용도 있다.

시급을 간단하게 계산하려면 연봉을 2,000시간으로 나누면 된다. 미국인은 평균적으로 1년 동안 2,000시간 일한다. 예를 들면 당신이 1년에 10만 달러를 번다고 가정해보자. 10만을 2,000으로 나누면 50이 된다. 그러면 당신의 시급은 50달러인 것이다. 따라서 당신이 상품이나 프로젝트에 투자하는 시간을 회사가 직접적인 임금의 형태로 감당하게 된다. 간접비는 그것의 두 배 이상 든다. 회사가 하나의 상품이나 고객 한 명을 통해 얻는 수익을 제대로 계산하려면 이런 점을 꼼꼼하게 확인해야 한다.

기회비용도 포함해라

여러 소기업 경영자와 관리자가 자신들의 노동에 실제로 '기회비용'이 있다는 사실을 잊어버린다. 그들이 다른 업무를 했다면 시간당 50달러, 100달러 또는 그 이상이 돌아왔을지도 모른다. 만일 물건을 팔기 위해 한 시간 동안 일했으면 그 한 시간을 그 물건을 파는 데 들어간 비용에 더해야 한다. 아니면 회사가 그 물건을 팔고 얻은 수익에서 한 시간 동안 일한 비용을 빼도 된다.

일부 고객 때문에 고생하는 기업이 많다. 고객이 간부와 직원들에게 너무 많은 것을 요구하는 나머지 회사가 그 고객과 비즈니스를 하면 손해를 볼 정도다. 우리는 이런 고객을 '유지비가 많이 드는' 고객이라고 부른다. 유지비가 많이 드는 고객에게 시간을 많이 쓸수록 다른 고객들에게 쓸 수 있는 시간은 줄어든다. 다른 고객들이 당신에게 수익을 더 많이 안겨줄지도 모르는데도 말이다.

모든 상품의 순위를 매겨라

이제 다음 단계로 넘어갈 준비를 마쳤다. 이번에는 당신의 회사에서 취급하는 모든 상품/서비스의 순위를 매길 때다. 수익이 가장 많이 나는 것부터 가장 적게 나는 것까지 쭉 나열해보자. 어떤 상품이나 서비스가 수익률 1위를 차지했는가? 직접비와 간접비를 전부 계산에 넣어야 하는 것을 잊지 말자.

'상품을 만들고 파는 데 쓰는 시간과 돈의 양'과 '모든 비용을 빼고 그 상품을 통해 얻는 수익의 양' 사이에 별다른 관계가 없는 경우가 많다. 당신에게 수익을 가장 많이 안겨주는 상품, 활동, 고객이 당연시되거나 존재감이 없을 때도 있다.

이 기회에 당신에게 수익을 가장 많이 안겨주는 고객과 가장 적게 안겨주는 고객을 파악해보자. 각각의 고객 유형에 어떤 공통점이 있는가? 회사를 어떻게 구조화해야 비즈니스에 도움이 가장 많이 되는 고객을 유인하고 빼앗기지 않을 수 있는가?

선택과 집중이 중요하다

당신이 제공하는 상품과 서비스의 절반은 수익을 별로 올리지 못한다는 사실을 알게 될 것이다. 어떤 경우에는 물건을 팔 때마다 돈을 벌기는커녕 오히려 손해를 볼 때도 있을 것이다. 기업 회생 전문가는 곧바로 수익이 적게 나는 물건의 가격을 올리거나 생산을 중단시킬 것이다. 당신도 똑같이 특단의 조치를 해라.

자사가 판매하는 모든 것을 대상으로 엄격한 수익 분석을 거치면 실적이 빠르게 개선되고 수익성도 금방 좋아질 때가 많다. 아마도 상품이나 서비스 라인의 80퍼센트를 중단해도 큰 손실이 없을 것이다. 그러고 나면 그렇게 생긴 인력과 자원의 100퍼센트를 수익의 80퍼센트를 책임지는 20퍼센트의 상품이나 서비스에 집중시키면 된다. 얼마나 큰 차이가 날지 생각해봐라!

장기적인 관점에서 당신의 사업을 살펴보자. 현재 당신이 자랑할 만한 최고의 상품과 수익이 가장 많이 나는 상품이 무엇인지 생각해보자. 그러고 나서 과거에 어떤 상품이 최고였고 어떤 것이 수익이 가장 많이 났는지 떠올려보자. 당신이 속한 분야의 트렌드를 생각했을 때 앞으로는 당신이 판매하는 상품과 서비스 중 어떤 것이 수익성이 가장 좋을 것 같은가? 기억해라. "미래를 예측하는 최고의 방법은 미래를 직접 창조하는 것이다."

자신을 들여다봐라

마지막으로 마치 기업을 보듯 자신을 들여다보자. 당신

이 회사를 위해서 하는 가장 가치 있는 일 몇 가지를 파악해라. 어떤 활동을 할 때 시간당 돈을 가장 많이 벌 수 있는가? 미래에 어떤 기회가 당신을 기다리고 있는가? 어떤 기술이나 역량을 개발해야 앞으로 수개월이나 수년 동안 몸값이 더 높아질 것인가? 그것이 무엇이든 당장 배우기 시작해라. 낭비할 시간 따위 없다.

수익을 끌어올려라

1. 당신이 제공하는 모든 상품과 서비스의 수익을 분석해라. 수익이 가장 많이 나는 것부터 가장 적게 나는 것까지 나열해보자.

2. 매출의 80퍼센트를 올리는 20퍼센트의 상품을 찾아보자. 어떤 상품들인가?

3. 수익의 80퍼센트에 해당하는 20퍼센트의 상품과 서비스를 찾아보자. 2번에서 살펴본 것과 같은 상품들인가?

4. 모든 직·간접적 비용을 제외하고 나면 수익이 가장 많이 나는 상품이나 서비스가 무엇인가? 비즈니스 비용과 투자 수익률을 바탕으로 따져보자.

5. 당신의 한 시간당 노동 가치는 얼마나 되는가? 당신이 하는 모든 업무에 일한 시간을 비용으로 환산해서 포함해라. 그래야 사업에 들인 비용과 수익성을 정확하게 측정할 수 있다.

6. 관리비 일부를 판매하는 각각의 상품이나 서비스에 더해보자. 이 작업을 해보면 수익이 나는 줄 알았던 상품이나 서비스가 사실은 손해를 끼친다는 점을 알게 될 때가 많다.

7. 당신의 회사가 재정적인 어려움에 직면했다면 어떤 상품이나 서비스에 에너지를 집중할 것인가? 반대로 어떤 상품이나 서비스의 제공을 중단할 것인가? 이 작업에 관해서 당장 생각해봐야 한다.

제19장

지속적인 개선에 전념해라

"어느 분야를 선택하든

개인적인 삶의 질은

우수성에 얼마나

전념하는지에 따라 결정된다."

– 빈스 롬바르디(Vince Lombardi)

일본에서 시작된 품질 혁명은 미국을 휩쓸었고 결국 미국이 사업하는 방식을 완전히 뒤바꿨다. 예전에는 시장 점유율을 늘리고 수익성을 개선하고 싶으면 질 좋은 상품을 시장에 내놓아야 했다. 하지만 이제는 상황이 더 어려워졌다. 요즈음에는 시장에 진입하려고만 해도 질이 대단히 좋은 상품이 필요하다. 이제는 모든 고객이 당신이 파는 모든 것의 품질이 뛰어나기를 기대하고 요구한다.

좋은 소식은 사업의 거의 모든 영역에서 개선의 여지가 많다는 것이다. 당신이 할 일은 매일 일을 더 낫게, 더 저렴하게, 더 빨리 하는 방법을 찾는 것이다. 마치 공격적인 경쟁자들이 쫓아오는 것처럼 행동해라. 그들이 고객에게 당신보다 더 큰 만족감을 안겨줘서 당신을 파산시키려고 한다고 생각해보자.

품질이 중요하다

제2차 세계대전이 끝나고 일본은 폐허가 되었다. 경제가 완전히 무너져 내렸다. 경기 회복을 위한 첫걸음은 저렴한 상품을 만들어서 수출하는 것이었다. 일본은 특히 미국을 집중적으로 공략해서 초창기 제품들이 1950년대에 미국 시장에 쏟아져 들어왔다. 그런데 품질이 너무 조악해서 '일제 폐품'이라는 별명을 얻었다.

1950년대에 한 미국인 경영 컨설턴트가 일본을 찾아와 품질 관리 비법에 관해 조언했다. 일본인들은 그의 아이디어를 매우 열정적으로 받아들였고, 그 결과 그는 일본에서 몇십 년을 보냈다. 그는 일본과 일본 경제를 완전히 바꿔놓았다.

카이젠 기법 – 지속적으로 개선해라

에드워즈 데밍(W. Edwards Deming)은 일본 제조업계에 '카이젠 기법'이라고 불리게 된 개념을 도입했다. 카이젠 기법은 품질을 계속 개선해 나가는 관리법이다. 이 비법 덕택에 일본은 몇 년 만에 사실상 모든 영역에서 품질이 좋은 상품을 만드는 것으로 명성을 떨치게 되었다.

일본어로 '카이젠'이라는 단어는 지속적인 개선을 뜻한다. 이것은 CANEI(Continuous And Never-Ending Improvement: 지속적이고 끝없는 개선) 프로세스라고 불릴 때도 있다. 여기에는 어떤 일이든 지속적으로, 끝없이 더 낫게 할 수 있다는 전제가 깔려 있다.

새로운 사고방식으로 바라봐라

카이젠 기법이 도입되면 회사에서 일하는 모든 직원이 일을 더 낫게, 더 빨리, 더 저렴하게 할 방법을 찾아봐야 한다. 상품이나 서비스를 생산할 때도 더 낫게, 더 빨리, 더 싸게 할 방법이 있는지 알아보자. 경영진은 아이디어 건의함, 브레인스토밍 회의, 보너스 지급 시스템, 꾸준한 격려 등을 통해 모두가 일을 더 잘할 방법을 항상 연구하도록 유도해야 한다.

품질을 지속적으로 개선하는 데 엄청난 아이디어가 필요한 것은 아니다. 그러지 않아도 사업하는 방식을 충분히 탈바꿈할 수 있다. 물론 노력하다 보면 돌파구를 마련하게 될 때도 있다. 하지만 어떤 업무에서든 '시야'에 있는 것을 개선

하는 방식을 추천한다. 이런 접근법은 누구든 개선할 만한
작은 일을 발견할 수 있다는 믿음에서 출발한다.

개선 방안을 항상 연구해라

모두가 자신의 일을 더 낫게, 더 빨리, 더 쉽게 할 방법을
찾도록 격려하자. 직원들이 다양한 시도를 자유롭게 해볼
수 있는 환경을 조성하는 것이 좋다. 설령 시도가 실패로 돌
아가더라도 나무라지 말아야 한다. 성공하지 못했던 자잘한
실험들이 결과적으로 가장 큰 성공으로 이어질 때도 있다.

주기적으로 한발 물러나서 모든 상품, 서비스, 프로세스를
검토하자. 어떻게 해야 어떤 식으로든 개선할 수 있을 것인
가? 어떻게 해야 물건을 더 낫게, 더 빠르게, 더 저렴하게 만
들 수 있을 것인가? 더 적은 비용을 들이고도 같은 결과나
더 나은 결과를 더 빨리 얻을 방법이 있는가? 기존의 품질
수준에 절대로 만족하지 마라. 항상 개선할 방법을 찾아야
한다.

팀원들과 정기적으로 브레인스토밍해서 비용 절감, 품질
향상, 매출 증가, 수익 극대화를 위한 아이디어를 뽑아내자.

모두가 어떻게 하면 일을 더 잘할 수 있을지 온종일 생각하도록 격려해라. 지속적인 개선에 전념하는 태도를 회사 문화로 정착시켜라.

품질을 업그레이드해야 한다

총체적 품질 관리(TQM: Total Quality Management) 운동은 모든 프로세스의 모든 단계를 신중하게 분석하는 것에서 출발한다. 그러고 나면 모든 영역에서 일하는 방식을 꾸준히 개선할 방법을 찾아야 한다. 핵심 영역에서 한 가지 일만 개선해도 가혹한 시장에서 비교우위가 생길 수 있다.

경쟁이 치열한 환경에서 품질을 업그레이드하지 않으면 그 시간에 경쟁자들이 자신의 물건을 업그레이드한다. 그러면 고객을 빼앗기고 만다. 오늘 당신이 여기까지 올 수 있게 해준 것이 무엇이든 그것만으로는 더 버틸 수 없다. 오늘 무엇을 하고 있든 1년 뒤에는 그 일을 훨씬 잘해야 시장에서 살아남을 수 있을 것이다.

기억해라. 경쟁자들은 당신의 고객을 빼앗을 방법을 밤낮으로 고민한다. 그들은 당신의 회사가 파산하기를 바란다.

그들이 이런 목표를 달성할 수 있는 제일 빠르고 좋은 방법은 경쟁력 있는 상품을 시장에 내놓는 것이다. 같은 가격에 품질이 더 좋은 상품이 나오면 고객이 반응할 수밖에 없다. 그렇다면 당신의 목표는 경쟁자들이 품질 개선의 영역에서 당신을 앞서기 전에 당신이 먼저 그들을 능가하는 것이어야 한다.

다른 사람들을 벤치마킹해라

지속적인 개선을 위해 그 누구보다도 앞서서 노력하고 싶다면 여러 방법이 있다. 그중 한 가지가 당신이 속한 분야에서 가장 뛰어난 사람들과 기업들을 벤치마킹하는 것이다. 영업, 제조, 유통, 고객 서비스와 같이 한 가지 분야를 선택해라. 그러고 나서 그 분야에서 일을 가장 잘하는 사람들이 누구인지 파악해라. 그들이 무엇을 하는지 알아내고 당신이 할 수 있는 한 최선을 다해서 그들을 따라 해라. 모범생들의 행동을 모방하고 나면 그들보다도 일을 더 잘할 방법을 찾을 수 있다.

탁월해지려고 노력해라

탁월함을 기준으로 삼아라. 그러고 나서 그 기준을 충족하기 위해 매일 노력해라. 회사에서 일하는 모두에게 당신의 목표가 해당 분야에서 '최고'가 되는 것이라고 알려주자. 상품이나 서비스의 품질을 극도로 깐깐하게 따져라. 다른 사람들에게서도 최고의 품질을 요구해라.

어떤 상품이나 서비스든 모든 면에서 뛰어나지 않으면 시장에 절대로 내놓지 마라. 상품의 하자 때문에 불만이 있는 고객이 생기면 개인적인 명예가 실추된 것으로 생각하자. 그 고객에게 즉시 사과하고 실수를 바로잡기 위해서 무엇이든 해라. 고객 만족도가 당신이 사업하면서 하는 모든 일의 원동력이 되어야 한다.

최고가 되어라

일의 세계에서 사람들에게 가장 큰 동기 부여가 되는 것 중 하나는 자신이 탁월함에 전념하는 회사에서 일한다는 것이다. 고객과 잠재 고객의 마음속에 당신의 회사와 관련된 단어를 하나 심을 수 있다면 당연히 '최고!'를 꼽을 것이다. 만일 시장에 있는 모든 사람이 당신과 당신의 회사를 두고 '업계 최고'라고 칭찬한다면 매출과 수익성에 어떤 변화가 생길 것인가?

이런 목표를 염두에 둘 때 오늘 무엇을 해야 하는지 생각해보자. 모두가 미래에 당신을 두고 '최고'라고 칭찬하려면 어떤 일을 해야 하는가? 이 과정에 시동을 걸기 위해서 당장 무엇부터 할 수 있는가? 당신이 처음으로 취해야 할 조치가 무엇인지 따져보자.

품질이 좋으면 수익성이 높아진다

하버드대학교는 '수익이 시장 전략에 미치는 영향(PIMS)'에 대한 연구 결과를 발표했다. 이 연구는 20년에 걸쳐서 수백 개의 기업이 얻은 재정적인 성과를 모아둔 자료를 기초로 삼았다. 이 자료에 따르면 사람들이 인식하는 품질과 수익성 사이에 직접적인 연관성이 있다고 한다. 고객이 경쟁 상대의 상품이나 서비스보다 당신이 판매하는 것의 품질이 더 좋다고 생각하면 당신 사업의 수익성이 더 높아질 것이다.

예를 들면 독립적인 설문 조사 기관이 당신이 속한 시장에서 설문 조사를 한다고 생각해보자. 사람들에게 그 시장에서 활동하는 모든 기업이 적힌 목록을 보여주면서 "이 산업에서 어떤 기업이 최고라고 생각하십니까?"라고 질문한다고 가정해보자. 그러면 고객이 최고라고 생각하는 기업이 수익도 가장 많이 올린다는 사실이 밝혀질 것이다. 고객이 두 번째로 좋게 본 기업이 수익도 두 번째로 많이 올리고 그런 식으로 연관성이 나타날 것이다.

그렇다면 이런 질문들에 대해 생각해보자. 당신이 판매하는 것에 관심이 있는 잠재 고객들을 상대로 이런 설문 조사를 하면 당신의 회사는 몇 위에 오를 것 같은가? 당신의 회사가 '최고'로 꼽힐지 그것보다 낮은 순위를 차지할지 생각해보자. 순위가 더 높아지려면 어떤 일을 해야 하는가? 그중에서 당장 할 수 있는 일은 무엇인가?

고객이 제일 원하는 것이 무엇인가?

고든 베튠(Gordon Bethune)이 위기에 처한 콘티넨털 항공을 넘겨받았을 때 주문한 보고서가 있었다. 비행기 승객들이 품질을 어떻게 정의하는지, 그리고 제일 원하는 것이 무엇인지 알아보라는 지시였다. 알고 보니 비행기가 제시간에 출발하고 제때 도착했으면 좋겠다는 답변이 압도적으로 많았다. 그래서 베튠은 그 후로 3년 동안 이 목표를 달성하는 데 집중했다.

다행히 효과가 나타났다. 콘티넨털 항공이 시간을 잘 지키는 횟수가 놀라울 만큼 많아졌다. 비행기가 제시간에 출발하고 도착하는 일이 점점 많아지면서 항공사의 매출, 수익성, 고객 만족도, 직원들의 사기, 주가도 전부 크게 개선되었다. 고객이 그 무엇보다도 중요하게 생각하는 영역에서 '최고가 되는 것'에 초점을 맞춘 덕택에 콘티넨털 항공은 1990년대를 통틀어서 가장 인상적인 기업 회생 사례 중 하나가 되었다.

고객이 품질을 어떻게 정의하는가?

품질은 그 자체로 존재하는 객관적인 개념이 아니다. 회사가 품질을 직접 결정하는 것도 아니다. 품질은 고객이 결정하며 감정적이고 주관적인 개념이다. 고객이 말하는 것이 곧 품질의 실체다. 법조계에서 유명한 "그것이 무엇인지는 정확하게 정의할 수 없지만, 직접 보면 알 수 있어요"라는 말에 빗대어 표현할 수 있다.

고객은 품질을 두 가지 측면에서 정의한다. 첫 번째 측면은 상품이나 서비스 그 자체다. 품질이 좋은 상품이나 서비스란 판매자가 약속한 기능을 제대로 해내는 것을 뜻한다. 고객이 그것을 사는 시점에 약속받은 기능이 그 이후에도 계속 수행되어야 한다.

두 번째 측면은 상품을 판매하고 서비스하고 유통하는 방식이다. 이런 개인적이고 감정적인 요소가 상품이나 서비스 그 자체보다 더 중요할 때가 많다. 어느 연구에서는 경쟁 상대에게 가버리는 고객의 68퍼센트가 상품, 가격, 회사의 능력이 아닌 다른 요인 때문에 떠난다는 사실을 알아냈다. 고객의 마음이 떠난 가장 큰 이유는 상품을 판매하는 회사의 누군가가 무심한 태도를 보였다고 생각했기 때문이었다.

당신의 상품에 점수를 매겨라

당신이 판매하는 상품에 점수를 매겨보자. 경쟁자들의 상품과 비교했을 때 1점부터 10점까지 있는 점수표에서 몇 점을 줄 것 같은가? 솔직하게 생각해보자. 회사에서 일하는 모든 직원에게 의견을 내달라고 부탁해라. 가장 충직한 고객들에게도 당신의 회사가 경쟁사들과 비교했을 때 몇 점이나 받을 수 있을 것 같은지 물어보자. 어떤 점수가 나오든 그것을 기준으로 삼아서 개선에 박차를 가하자.

품질 점수를 대략적으로나마 받고 나면 한 번에 1점씩 올리는 것을 목표로 삼아라. 예를 들어서 10점 만점에 7점을 받았다면 다음에는 8점을 받을 수 있도록 노력하면 된다. 그래서 8점을 받는 날이 오면 그다음에는 9점을 받으려고 노력해라. 그런 식으로 10점까지 노려보자. 장기적인 목표는 고객이 당신의 회사를 두고 '업계 최고'라고 칭찬하는 것이어야 한다.

자신에 대한 점수와 기준을 높여라

품질의 지속적인 향상을 추구하는 태도는 당신 개인에게도 그대로 적용할 수 있다. 당신이 회사와 고객을 위해서 하는 가장 중요한 일이 무엇인지 파악해라. 그러고 나서 그 영역에서 당신이 몇 점을 받을 수 있을 것 같은지 생각해보자. 동료, 상사, 고객들에게도 당신이 받을 만한 점수가 몇 점인지 물어봐라. 한 번에 1점씩 올릴 수 있도록 최선을 다해보자. 당신의 핵심 기술 영역에서 압도적인 실력을 뽐낼 수 있을 때까지 노력을 게을리하지 마라.

카이젠 기법에 따라서 지속적인 개선을 추구하고 당신이 하는 모든 일에 CANEI 프로세스를 적용해라. 현실적인 수준에 절대로 만족해서는 안 된다. 매일 모든 방법을 동원해서 어제보다 일을 더 잘하는 방법을 찾아보자. 오늘 당신을 여기까지 끌어준 것이 무엇이든 그것만으로는 버틸 수 없다. 자신에 대한 기준을 계속 높여나가라. 그래야만 삶의 질이 높아질 수 있다.

지속적인 개선에 전념해라

1. 고객이 품질을 어떻게 정의하는가? 고객이 당신의 상품이나 서비스를 선택할 때 어떤 점을 최우선으로 따지는가?

2. 10점 만점인 점수제에서 경쟁사들과 비교했을 때 당신의 회사가 받을 점수는 몇 점인가? 어떻게 해야 순위를 당장 끌어올릴 수 있는가?

3. 회사에 보상 시스템을 마련해보자. 상품의 질과 고객 만족도를 높이기 위한 제안이나 아이디어를 제공하는 직원에게 합당한 보상을 해주는 것이 좋다.

4. 사내에 인력, 상품, 활동을 위한 품질 기준과 실적 기준이 정해져 있는가? 기준이 이미 있다면 모두가 그것을 알고 있는지 확인해보자.

5. 당신이 속한 산업에서 최고로 손꼽히는 기업이 어디인가? 어떤 기업이 존경받고 수익도 가장 많이 올리는가? 어떻게 해야 그런 기업을 벤치마킹할 수 있을지 생각해보자.

6. 당신의 회사에 대한 고객 만족도를 높이기 위해서 당장 실천할 수 있는 일이 무엇인가?

7. 당신의 실적을 업그레이드하고 개선할 만한 방법이 무엇인가? 당신의 직업에서 가장 중요한 일의 질을 향상해보자.

제20장

핵심에 집중해라

"여기에 진정한 힘이 숨겨져 있다.
꾸준히 연습해서
언제든 당신의 자원을 아껴 쓰고
집중시키는 방법을 배워라."

– 제임스 앨런(James Allen)

거의 모든 비즈니스가 한두 명이 하나의 상품이나 서비스를 위한 아이디어를 떠올린 덕택에 시작된다. 그러다가 시간이 흐르면 경험이 쌓이면서 이 핵심 상품이 달라지고 확고해진다. 상품과 시장이 적합하다면 회사는 고비를 넘기고 매출과 수익성이 개선될 것이다. 회사가 잘하는 일을 점점 더 많이 하면 결국에는 경쟁자들보다 앞서 나아가게 된다.

이것이 당신의 핵심 비즈니스다. 이것이 당신이 가장 잘하는 일이다. 이것이 당신을 찾는 고객이 가장 원하는 일이자 당신이 수익을 가장 많이 올릴 수 있는 일이다. 이 상품이나 서비스가 당신의 회사를 든든하게 받쳐준다. 당신은 이 핵심 비즈니스로 알려져 있으며 이 상품이나 서비스를 제공하는 일을 가장 잘한다.

당신의 핵심 비즈니스가 무엇인지 정의해라

당신의 핵심 비즈니스가 무엇인가? 다른 모든 것을 없애 버리면 사업의 알맹이로 무엇이 남는가? 당신이 제일 마지막으로 제공을 중단할 상품이나 서비스가 무엇인가? 이번에는 이런 질문들에 대한 답을 찾을 차례다.

답이 무엇이든 사람들은 대체로 자신의 핵심 비즈니스를 당연하게 여긴다. 사업에서 핵심적인 역할을 하는 상품이나 서비스인데도 말이다. 당신의 회사가 그 영역에서 좋은 실적을 내고 그 상품이 효자 상품으로 자리 잡았기 때문에 상황이 변하는 일은 없으리라고 착각하게 된다. 그러면 자연스럽게 관심이 다른 상품이나 서비스로 향한다. 새로운 분야는 경험도 적고 실력도 좋지 않을 수도 있는데도 거의 모든 기업이 이런 길을 걷는다. 핵심 비즈니스 덕택에 회사가 성장하고 수익도 많이 날 때 잘못된 선택을 하는 일이 많다. 이런 실수는 잘못하면 실질적인 위험으로 이어질 우려가 있다.

당신의 핵심 비즈니스를 벗어나지 마라

당신의 핵심 비즈니스에서 자주 멀어질수록 '핵심적이지 않은' 일에 더 많은 시간과 에너지를 투자하게 된다. 기껏 핵심 비즈니스를 통해서 확보한 자금을 수익이 나지 않는 영역에 투자하는 실수를 저지르지 말자. 조심하지 않으면 누군가가 나타나서 당신의 핵심 비즈니스를 빼앗아버릴 것이다. 그러면 심각한 곤란에 빠질 수 있다.

따라서 당신의 핵심 비즈니스가 시야에서 벗어나지 않도록 주의해라. 크리스 주크(Christ Zook)와 제임스 앨런은 『핵심 비즈니스로 수익 올리기(In Profit from the Core)』(국내 미출간)에서 핵심 비즈니스의 본질과 중요성에 관해서 자세히 설명했다. 그들은 수백 개의 기업과 함께 일한 경험이 있다. 그 결과 경쟁의 압박에 시달리거나 시장의 규모가 작아질 때 기업이 선택할 수 있는 가장 현명한 전략은 핵심 비즈니스로 돌아가서 거기 머무는 것이라는 결론을 내렸다.

80/20에 집중해라

80/20 법칙을 사업의 모든 부분에 적용해보자. 당신에게 매출과 수익의 80퍼센트를 안겨주는 20퍼센트의 상품이나 서비스가 무엇인지 파악하고 거기에 초점을 맞춰라.

당신의 회사에서 매출량의 80퍼센트를 차지하는 20퍼센트의 상품과 서비스가 무엇인지 알아내자. 당신의 상품과 서비스의 80퍼센트를 구매해주는 20퍼센트의 우수 고객이 누구인지도 알아내자. 회사 실적의 80퍼센트를 올리는 20퍼센트의 우수 직원이 누구인지도 알아내면 된다.

앞으로 수년 동안 매출과 수익의 80퍼센트를 안겨줄 20퍼센트의 기회가 어디에 있는지 파악해보자. 이런 기회는 거의 항상 현재 진행 중인 비즈니스, 당신의 핵심 역량, 당신이 뛰어난 분야의 연장선에 있을 수밖에 없다. 어떤 기회를 선택하느냐가 회사의 미래를 결정한다.

가치 업무에 초점을 맞춰라

당신의 개인적인 가치와 회사에 대한 기여도의 80퍼센트

를 차지하는 20퍼센트의 업무 활동이 무엇인가? 20퍼센트
의 고가치 업무에 쓰는 시간을 두 배로 늘리고 저가치/무가
치 업무에 쓰는 시간의 80퍼센트를 줄인다고 생각해보자.
그러면 회사에서 가장 생산적인 직원 중 한 명이 될 것이다.
이것이 바로 당신의 핵심 업무다.

당신이 일하면서 겪는 두통의 80퍼센트를 유발하는 20퍼
센트의 골칫거리가 무엇인가? 무엇이 당신을 짜증 나게 하
고 화나게 하는가? 당신이 매일 상대해야 하는 사람 중에
가장 까다로운 직원이나 고객은 누구인가? 아니면 어떤 상
황을 감당하기가 가장 어렵다고 느끼는가? 이런 문제를 최
소화하거나 없애기 위해서 오늘 무엇을 할 수 있을지 생각
해보자.

이 80/20 분석을 바탕으로 당장 어떤 조치를 취해야 핵
심 상품, 서비스, 고객, 활동에 도움이 될 것인가? 어떤 일부
터 하는 것이 좋을지 고민해보자.

어느 분야에서 탁월한 능력을 보이는가?

당신의 상품과 서비스가 어떤 영역에서 경쟁자의 95퍼센

트를 따돌릴 수 있을 만큼 훌륭한가? 어떤 영역에서 그 정도로 탁월한 능력을 보일 수 있는가? 이 영역이 바로 당신에게 가장 좋은 기회가 있는 곳이다. 여기에 에너지와 관심 대부분을 집중해야 한다.

당신이 저지를 수 있는 가장 큰 실수는 핵심 비즈니스에서 너무 멀어지는 것이다. 당신이 정말 잘하는 일에서 한눈팔지 마라. 내 친구 찰리 존스(Charlie Jones)가 하는 말처럼 '샛길은 미끄러운 길'이다.

매출이나 수익성 때문에 골치가 아플 때마다 핵심 비즈니스로 돌아가야 한다. 그럴 때일수록 당신이 가장 잘하는 일을 더 많이 하고 더 낫게 해야 한다. 수익이 가장 많이 나고 수익을 가장 많이 올릴 것으로 예측 가능한 상품, 서비스, 활동에 계속 집중해라. 핵심 비즈니스를 확장할 기회를 전부 활용하고 난 다음에 새로운 비즈니스 영역에 발을 들이는 것이 좋다.

요새가 안전해야 한다

옛날에는 부족과 군대의 습격으로부터 시민들을 보호하

기 위해서 도시 주위로 벽을 세웠다. 도시가 커지면 점점 늘어나는 시민들을 보호하려고 방어벽을 동심원 모양으로 하여 추가로 세웠다. 그래서 도시가 가운데에 과녁의 중심이 있는 다트판 같은 모습이었다.

도시가 적군에게 공격받으면 시민들은 제일 바깥쪽에 있는 벽 뒤에 숨어서 자신들을 방어했다. 그러다가 그 벽이 뚫리면 사람들은 그다음 벽 너머로 몸을 숨겼다. 그런 식으로 벽이 하나씩 뚫릴 때마다 시민들은 점점 더 안쪽에 있는 벽 뒤로 물러났다. 그러다가 마침내 가장 견고하게 보호받는 요새에 이르렀다. 요새는 왕국의 생존에 꼭 필요한 열쇠였다. 요새만 안전하다면 도시를 구할 수 있었다. 요새만 견뎌주면 적군을 무찌르고 왕국을 재건할 수 있었다.

요새에는 도시의 온갖 보물이 들어 있었다. 요새는 왕, 고위 군사 관계자들, 시민, 지도자들, 충분한 수의 군인을 먹여 살리기 위해 고안되었다. 적군이 도시를 장기간 포위해도 끄떡없었다. 필요한 물품을 충분히 비축해 두면 도시는 이웃 왕국이 도와주러 올 때까지 버틸 수 있었다.

이런 요새를 구축해야 한다.

핵심 비즈니스를 사수해라

현재 취급하는 상품, 서비스, 활동 중에서 분명 당신의 비즈니스에 부수적인 것들도 있을 것이다. 매출과 수익이 바깥쪽 성벽이라면 사업의 중심적인 상품과 서비스가 요새에 해당한다. 당신에게 가장 큰 수익 공급원으로 작용하는 비즈니스 활동이 무엇인지 알아보자.

당신의 핵심 비즈니스를 '요새'라고 생각하면 된다. 핵심 비즈니스는 회사의 생존에 꼭 필요한 상품이나 서비스 라인인 만큼 무슨 일이 있어도 보호해야 한다. 이런 영역에서 약해지지 않는 이상 시장의 변동이나 매출의 하락도 견딜 수 있다. 따라서 경쟁자들로부터 핵심 비즈니스를 어떻게든 사수해라.

핵심 상품을 분석하여 요새 전략을 세워라

비즈니스 방침의 하나로 사업의 '요새 전략'을 세워보자. 특히 시장이 수축하고 수익성이 줄어들고 현금 흐름이 원활하지 않을 때 요새 전략이 더욱 필요해진다. 이 전략에는 최악의 시나리오가 현실로 나타나더라도 당신을 지탱해줄 수 있는 예비품을 미리 빼놓는 것도 포함해야 한다.

항상 요새 전략을 미리 준비해 두는 것이 좋다. 당신이 취급하는 상품 중에서 어떤 것이 가장 가치가 크고 중요하고 가장 수익이 많이 나는지 분석해보자. 사업이 잘 안 풀리고 당신의 생존 능력을 방어해야 할 때가 오면 핵심 상품과 서비스로 이루어진 요새로 물러날 준비를 해야 한다.

최악의 상황에 따른 대비책을 세워라

시장의 격변이나 교란, 빠른 변화, 매출의 하락이 나타날 것에 대비해서 요새 전략을 미리 세워둬야 한다. 그래야 회사의 생존과 장기적인 성공을 보장할 수 있다. 시장이 예기치 못하게 달라질 때를 위한 대비책을 확실하게 세워라. 절대로 운이나 시장의 일시적인 호전에 의지하지 마라. 최악의 상황에 반드시 대비해야 한다.

이 요새가 당신의 핵심 비즈니스다. 그것이 무엇인가? 요새가 무엇이든 '시나리오에 따라 계획하기(scenario planning)'를 주기적으로 실천해라. 이런 질문에 대해서 생각해보자. "오늘 이 시장에서 일어날 수 있는 최악의 사건이 무엇인가?”

이 질문에 대한 답이 무엇이든 오늘 대비책을 세우기 시작해라. 그래야 최악의 사태가 정말로 벌어지더라도 살아남을 수 있다.

몇 수 앞을 내다봐라

최고의 리더들은 비즈니스를 할 때 마치 체스 게임을 하듯이 몇 수 앞을 내다본다. 그리고 경쟁자들이 자신들을 상대로 쓸 만한 수도 예측하려고 노력한다. 그러고 나서 현금 비축분, 대체 전략, 고정 고객과 시장, 새로운 상품이나 서비스와 관련해서 대비책을 세운다. 회사가 최악의 상황을 맞지 않도록 하는 것이 목표다. 당신도 똑같이 하길 권한다.

오늘 당신의 회사를 위한 요새 전략을 세워보자. 나폴레옹이 된 것처럼 행동해라. 나폴레옹은 운을 믿느냐는 질문에 이런 대답을 들려주었다. “네, 저는 운을 믿습니다. 그런데 항상 제가 불운해질 거라고 믿어요. 제가 피해자가 될 거라고요. 그래서 늘 대비책을 세워둡니다.”

당신의 핵심 역량은 무엇인가?

개인으로서도 당신의 핵심 역량이 무엇인지 명확하게 알아야 한다. 각각의 역량을 어떻게 더 강화할 수 있을 것인가? 앞으로 수년 동안 당신이 속한 분야를 이끌려면 어떤 핵심 역량이 필요한가? 미래에 필요한 핵심 역량을 얻기 위해서 어떤 계획을 세우고 있는가? 이런 질문들에 대해 고심해보자.

핵심에 집중해라

1. 당신의 핵심 비즈니스는 무엇인가? 어떤 상품과 서비스가 오늘 당신이 성공하는 데 가장 큰 도움을 줬는가?

2. 당신의 핵심 역량은 무엇인가? 당신의 회사가 극도로 잘하는 일이 무엇인가?

3. 당신의 회사에 일어날 수 있는 최악의 일이 무엇인가? 그런 일이 실제로 일어날 때에 대비해서 어떤 계획을 세워뒀는가?

4. 당신이 제공하는 상품, 서비스, 활동 중에서 부수적인 것이 무엇인가? 이런 프로젝트를 전부 중단하면 어떤 일이 벌어질 것인가?

5. 당신의 핵심 고객은 누구인가? 핵심 고객이 당신을 절대로 떠나지 않도록 어떤 노력을 기울이는가?

6. 당신이 의지하는 핵심 인물들은 누구인가? 누가 당신의 회사가 살아남고 성장하는 데 가장 큰 도움을 주는가? 그들을 잡아두기 위해서 어떤 노력을 기울이는가?

7. 당신이 지닌 핵심 역량은 무엇인가? 어떤 일들이 당신의 직업에서 중심적인 역할을 하는가? 어떤 활동이 부수적인 것들인가?

제21장

결과에 초점을 맞춰라

"아침마다 하루를 계획하고

그 계획을 실행하는 사람은

매우 바쁜 미로 같은 삶 속에서도

자신을 안내해줄 실 한 가닥을 쥐게 된다."

– 빅토르 위고(Victor Hugo)

위대한 미식축구 코치 빈스 롬바르디(Vince Lombardi)는 "승리가 전부는 아니다. 하지만 승리를 갈망하는 마음은 전부다"라는 말을 남겼다.

마찬가지로 결과만이 중요한 것은 아니다. 하지만 비즈니스에서는 결과가 전부다. 결과가 개인적인 능력과 기업의 효율성을 확실하게 평가할 수 있는 유일한 잣대다.

고객이 정말로 신경 쓰는 것은 이것뿐이다. "이 상품이나 서비스를 살 때 약속받았던 것을 내가 실제로 얻었는가?" 고객은 당신이 다른 사람들, 상품, 프로세스, 배송 시스템 등 어떤 문제에 시달렸든 별 관심이 없다. 당신의 고객이 신경 쓰는 것은 결과뿐이다.

핵심 질문 네 가지

상품이나 서비스를 살지 말지 고민할 때 고객은 다음의 네 가지 질문을 던진다.

1) 가격이 얼마인가?
2) 돈을 내면 무엇을 얻을 수 있는가?
3) 당신이 약속한 혜택을 얼마나 빨리 누릴 수 있는가?
4) 내가 그런 혜택을 얻을 수 있으리라고 얼마나 확신하는가?

이 질문들에 대한 답을 가장 설득력 있게 내놓는 기업이나 영업사원이 판매에 성공한다.

100% 약속을 지켜라

사업의 성공은 당신이 약속을 얼마나 믿음직스럽게, 얼마나 꾸준히 지키는지와 직접적인 관련이 있다. 기업의 매출과 성장은 고객이 상품이나 서비스를 이용함으로써 원하는 결과를 얼마나 안정적으로 얻는지에 달렸다. 따라서 당신의 상품과 서비스를 평가할 때 이런 질문들을 항상 던져야 한다.

- 고객이 우리의 상품이나 서비스를 통해 얻으려는 결과나 혜택이 무엇인가?
- 고객이 우리 회사가 제공하는 상품이나 서비스를 사고 나서 그런 결과와 혜택을 얼마나 꾸준히 누리는가?

이것이 품질의 진정한 정의다. 품질을 '당신의 상품이나 서비스가 약속대로 기능을 수행하고 그런 기능을 꾸준히 수행할 확률'이라고 정의할 수 있을 것이다.

품질 지수가 100이라든지 품질이 완벽하다는 말은 당신이 판매하는 물건이 항상 약속한 것과 같다는 뜻이다. 품질 지수가 90이라는 말은 당신의 상품이 열 번 중 아홉 번만 고객이 원하는 결과 또는 고객에게 약속한 결과를 이루어냈다는 뜻이다. 100% 약속을 지켜야 한다.

사소한 것들이 큰 차이를 만든다

페덱스는 자사의 품질 지수가 100점 만점에 99.9인 날도 실수가 너무 자주 생긴다는 사실을 알아냈다. 하루에 봉투 4만 4,000개를 배달하는 데 문제가 생기는 것이다.

품질이 99.9나 되는데도 페덱스는 혼란스러운 상황을 감당해야 했다. 비즈니스에서 품질은 이토록 중요한 문제다.

당신의 개인적인 성공도 당신이 책임지고 약속한 일들을 얼마나 꾸준히 믿음직스럽게 해내는지에 달렸다. "사람들이 나에게서 어떤 결과를 기대하는가?"라는 질문을 끊임없이 던져라.

당신의 효율성은 항상 다른 사람들에 의해 결정된다. 그들이 당신에게서 원하는 것에 따라 달라지는 것이다. 리더들은 언제나 이런 질문에 관해 생각한다. "이 상황에서 내가 어떤 일을 해야 하는가?" 이 질문에 대한 답이 분명해지면 에너지를 해당 영역에 집중시킨다.

당신도 이런 질문에 답해보자. "내가 성취할 수 있는 모든 결과 중에서 어떤 것이 나의 보상과 앞날을 위해 가장 가치 있고 중요한가?"

좋은 결과를 얻는 능력 향상하기

좋은 결과를 얻는 능력을 향상하고 싶을 때 도움이 되는 질문 일곱 개를 소개한다. 다음의 질문들에 대한 답을 곰곰이 생각해보자.

1) "내가 왜 돈을 받는가?"

당신은 정확히 어떤 목적으로 고용되었는가? 당신이 매일 하는 일이 이 질문에 대한 답이 되어야 한다.

2) "내가 하는 일과 활동 중에 어떤 것이 가장 가치가 큰가?"

당신이 할 수 있는 모든 일을 통틀어서 어떤 활동이 당신과 회사에 가장 큰 가치를 더해주는가?

3) "내가 좋은 결과를 내는 핵심 영역은 무엇인가?"

당신의 핵심 역량은 무엇인가? 당신이 반드시 잘 해내야 하는 주요 업무는 무엇인가? 어떤 일을 해야 사람들이 당신에게서 기대하는 가장 중요하고 가치가 큰 결과를 끌어낼 수 있는가? 오늘 당장 당신의 끊임없는 실력 향상을 위한 프로젝트를 시작해라. 이것은 직접 책임져야 하는 프로젝트다. 은퇴할 때까지 당신의 성공에 가장 중요한 영역에서 꾸준히 배우고 실력을 쌓아라. 핵심 업무를 점점 잘하는 것이 단연 시간을 아낄 수 있는 최고의 기술 중 하나다.

4) "내가 잘하면 진정한 차이를 만들 수 있는 일이 무엇인가? 나만 해낼 수 있는 일이 무엇인가?"

당신만이 할 수 있는 일 중에서 당신의 삶과 직업에 큰 차이를 불러일으킬 만한 것이 늘 있게 마련이다. 당신이 그 일을 하지 않으면 그 일은 끝이 나지 않을 것이다. 아무도 당신을 위해서 그 일을 해주지 않는다. 하지만 당신이 잘 해낸다면 상당한 차이가 날 수 있다. 그럴 만한 일이 무엇인가?

5) "내 커리어에 긍정적인 영향을 가장 크게 미칠 기술이 무엇인가? 내가 어떤 기술을 개발하고 잘 해내야 하는가?"

그 어떤 기술보다도 당신의 커리어에 큰 영향을 미칠 만한 기술이 있을 것이다. 그 기술을 개발하고 잘 해낸다면 앞날이 더 밝아질 것이다. 그 기술이 무엇인지 파악하고 그 영역이 무엇이든 거기서 압도적인 실력자가 되는 데 전념해라.

6) "고객을 위해서 어떤 결과를 꾸준히 내는 것이 중요한가? 어떤 결

과가 고객의 만족도를 가장 높여주고 추가 고객을 최대한 많이 불러올 수 있는가?"

고객이 당신의 상품이나 서비스를 사려면 어떤 혜택을 누리게 되리라는 확신이 들어야 하는가? 어떻게 해야 고객이 그 상품이나 서비스를 친구들에게도 추천할 것인가? 어떻게 해야 그 영역에서 품질과 서비스를 향상할 수 있는가? 이런 질문들에 대한 답을 진지하게 고민해보자.

7) "내가 지금 시간을 어떻게 쓰는 것이 가장 현명한가?"

온종일 이 질문을 길잡이로 삼아라. "내가 지금 당장 시간을 어떻게 활용하는 것이 가장 가치 있을까?"라는 질문을 끊임없이 던져보자. 이 질문에 대한 답이 무엇이든 지금 이 순간에도 그 일을 하고 있어야 한다.

당신의 직업에서 가치가 가장 크고 가장 큰 차이를 낳는 핵심 결과를 파악하자. 그리고 그런 결과를 얻기 위한 기술을 배우고 연습하는 데 모든 에너지를 쏟아야 한다.

온종일 할 수 있는 일이 무엇인가?

한 가지 업무만 온종일 할 수 있다고 생각해보자. 그러면 어떤 일을 선택할 것 같은가? 그 어떤 업무나 활동보다도 당신의 인생과 직업에 큰 가치를 더하는 일이어야 한다. 도출한 답이 무엇이든 그 일을 마스터하는 것을 최우선 과제로 삼아라. 다른 무엇보다도 큰 차이를 낼 수 있는 그 한 가지 일을 점점 잘하도록 노력해보자. 이것이 당신의 삶과 커리어의 모든 단계에서 탁월한 성과를 거두는 열쇠다.

개인의 실적을 개선하기 위한 일곱 단계

당신의 생산성, 실적, 아웃풋을 향상할 수 있도록 매일 노력하자. 당신을 도와줄 일곱 단계를 소개한다. 다음의 단계들이 습관으로 정착될 때까지 부지런히 연습해야 한다. 그러면 생산성이 오르고, 급여도 인상되고, 그 어떤 노력을 했을 때보다도 빠른 속도로 앞으로 나아갈 것이다.

1단계: 당신의 삶에서 중요한 각각의 영역을 위한 명확한 목표를 세워라. 목표는 구체적으로 정하고 종이에 적어야 한다. 또한 측정 가능하고 시간제한이 있어야 한다. 마감일도 정하고 중간 마감일도 정해보자. 목표를 완수하기 위한 계획을 세우고 핵심 목표를 이루기 위해서 매일 노력해야 한다.

2단계: 매일 해야 할 활동을 목록으로 작성해라. 목록을 만들기 가장 좋은 시간은 그날의 일을 마치기 직전이나 밤에 잠들기 전이다. 그러면 잘 때 무의식이 목록에 담긴 내용에 반응한다. 이런 현상의 좋은 점은 아침에 일어났을 때 좋은 아이디어와 통찰력이 생길 수 있다는 것이다.

3단계: 목록에 있는 일들의 우선순위를 정해라. 80/20 법칙을 적용하고 당신이 집중해야 할 상위 20퍼센트의 일을 선정해보자.

ABCDE 방법도 이용해라. 목록을 살펴보고 가장 중요한 업무들 옆에는 A라고 적어라. 두 번째로 중요한 업무들 옆에는 B, 그리고 중요하지 않은 업무들 옆에는 C라고 적자. 다른 사람에게 위임할 수 있는 업무들 옆에는 D, 마지막으로 없애버릴 수 있는 업무들 옆에는 E라고 적어라. 일을 시작하기 전에 이 작업을 하길 권한다.

A에 해당하는 업무가 두 가지 이상이면 A-1, A-2, A-3 이런 식으로 세세하게 구분하자. B에 해당하는 업무도 똑같이 나누면 된다. 기억해야 할 점은 미처 다 못한 A 업무가 남아 있으면 B나 C 업무에 손대지 말아야 한다는 것이다.

4단계: 할 시간이 없는 일은 창의적으로 미루는 연습을 해라. 현실적으로 목록에 적어둔 업무를 다 처리할 수는 없다. 그래서 몇 가지는 미뤄둘 수밖에 없다. 가치나 중요도가 떨어지는 업무를 미루기로 미리 계획을 세우자. 그러지 않으면 당신의 삶에 실질적인 변화를 줄 수 있는 중요한 업무를 무의식적으로 미루게 될지도 모른다.

5단계: 당신에게 가장 중요한 업무(A-1)를 선정해서 일을 시작할 때 항상 그 일부터 하기로 마음먹자. 이 업무는 목록에 있는 다른 모든 업무보다 가치가 더 클 때가 많다.

6단계: 가장 중요한 업무를 혼자서 처리하는 습관을 들여라. 한번 그 일을 하기 시작하면 완수할 때까지 쉬지 말고 일해라. 당신의 시간을 가장 가치 있게 쓸 수 있는 그 한

가지 일에 집중력을 100퍼센트 발휘해야 한다. 그 일이 완전히 끝나기 전까지 다른 데 한눈팔거나 집중력이 흐트러지지 않도록 끈질기게 노력해라.

7단계: 긴박감을 키워라. 행동에 나서는 습관을 들여라. 직장에서 온종일 빨리 움직이자. 속도를 높여라. 당신이 하는 모든 일의 템포를 올리자. 얼른 시작하고 신속하게 마쳐라.

더 빨리 움직일수록 일을 더 많이 처리할 수 있고 마음도 더 가벼워진다. 일을 더 많이 할수록 더 빨리 배우고 실력이 향상된다. 더 빨리 움직이고 실력이 나아지고 일을 더 많이 처리할수록 당신의 기여도가 높아질 것이다. 돈도 더 많이 받고 승진하는 속도도 빨라질 것이다. 따라서 더 빨리 움직일수록 당신의 인생과 커리어 전체가 성공 가도에 오를 것이다.

당장 행동해라

개인과 기업의 발전을 도울 수 있는 훌륭한 아이디어는 많다. 이 책에서는 실적 개선, 매출 증가, 비용 절감, 수익 극대화를 위한 아이디어 스물한 가지를 알아봤다. 최고의 인재가 되기 위해서, 그리고 가능한 한 수익이 많이 나는 성공적인 기업을 운영하고 싶다면 이런 핵심 아이디어들을 꾸준히 검토해야 한다.

성공을 위한 전략의 핵심 원칙 스물한 가지를 다시 정리해 보자.

1) 지금 있는 자리에서 시작해라

오늘 상태 그대로 당신의 사업에 관한 종합적이고 솔직한 분석을 시행해라. 매출, 수익, 수익성, 주변 시장 상황 등도 포함해야 한다.

2) 과거는 잊어라

비즈니스의 모든 부분에 제로 베이스 사고를 적용해라. 그 일을 지금 하고 있지 않다면 여태까지 일어난 일들로 미루어봤을 때 그 일을 오늘 시작할 것 같은지 생각해보자.

3) 기본적인 비즈니스 분석을 시도해라

당신의 상품, 서비스, 프로세스, 활동을 마치 처음 보는 것처럼 검토해라. 각각의 경우에 대해 '가혹한 질문들'을 던질 수 있도록 마음의 준비를 해야 한다.

4) 원하는 것을 확실하게 정해라

비즈니스의 모든 부분에 관해서 당신의 목표와 목적을 정해라. 목표는 분명하고 측정 가능한 것이어야 하며 종이에 적는 것이 좋다.

5) 이상적인 미래를 설계해라

3~5년 앞을 내다보고 당신의 회사가 모든 면에서 완벽하다고 상상해봐라. 그때의 회사는 어떤 모습일 것 같은가? 미래의 비전을 지금의 현실로 만들기 위해서 오늘 당장 무엇을 할 수 있는가?

6) 사명서를 작성해라

비즈니스를 통해 다른 사람들을 위해서 정확히 어떤 목적을 달성하고 싶은지 결정해라. 목적은 측정 가능하고 신나는 것이어야 한다. 정해진 목적을 모두에게 알려주자.

7) 조직을 재창조해라

오늘 사업이나 커리어를 처음부터 다시 시작한다고 상상해봐라. 지금의 지식과 경험을 그대로 안고 간다면 무엇을 다르게 할 것 같은가?

8) 적합한 사람들을 선별해라

사업의 성패는 사실상 당신이 함께 일하기로 선택하는 사람들에 달렸다. 거기서 무려 95퍼센트나 결정된다. 따라서 직원들에 관한 결정을 현명하게 내릴 수 있도록 시간을 충분히 투자해라.

9) 더 효과적으로 마케팅해라

당신의 마케팅 전략을 꼼꼼하게 검토해라. 모든 상품과 서비스에 네 가지 원칙(특수화, 차별화, 세분화, 집중화)을 적용해보자.

10) 경쟁자를 분석해라

당신이 정확히 어떤 기업들과 경쟁하는지 알아내라. 그리

고 잠재 고객이 경쟁자들에게서 사길 선호하는 이유도 알아
보자. 고객이 인식하는 이런 우위를 어떻게 상쇄할 수 있을
것인가?

11) 더 낫게, 더 빨리, 더 싸게 만들어라

시장에 있는 그 어떤 기업보다도 고객을 잘 섬기고 만족
시킬 방법을 끊임없이 찾아라. 자신에 대한 기준을 계속 높
여 나가라.

12) 마케팅 믹스를 바꿔라

경영 컨설턴트가 된 것처럼 당신의 사업을 세세하게 뜯어
봐라. 오늘날의 시장에서 당신이 선택한 상품, 가격, 판매 장
소, 홍보 방식이 얼마나 적합한지 따져보자. 가혹한 질문들
을 던져서 자신을 몰아붙여라.

13) 기업을 성공 가도에 올려놔라

고객과 잠재 고객들이 당신에 관해서 어떻게 생각하길 바라는지 결정해라. 사람들이 당신의 회사에 관해서 어떤 이야기를 나누길 바라는가? 그들이 당신을 묘사할 때 어떤 말이 최고의 칭찬인가?

14) 전략적 사업 단위를 개발해라

당신의 모든 상품과 서비스를 네 가지 카테고리(효자 상품, 인기 스타, 물음표, 개)로 나눠라. 그러고 나서 각각의 상품이나 상품 묶음의 매출과 수익성을 한 사람이 책임지게 해라.

15) 더 효과적으로 팔아라

물건을 팔기 위한 노력의 질을 업그레이드하는 데 집중해라. 인력을 더 신중하게 고용하고 더 철저하게 훈련하고 더 전문적으로 관리해라. 영업은 사업의 생명줄이나 마찬가지다.

16) 장애물을 제거해라

매출과 수익성에 관한 목표의 달성 속도를 결정하는 요인들을 파악해라. 사업의 모든 부분에서 이런 장애물을 완화하는 데 집중하자.

17) 기업을 재조직해라

상품과 서비스를 생산하고 판매하는 프로세스를 능률화하고 간소화할 방법을 꾸준히 찾아라. 당신이 하는 일을 다른 사람에게 위임하고 외부에 위탁하고 규모를 줄이고 복잡성을 없애버리는 방법을 배우자.

18) 수익을 끌어올려라

모든 상품과 서비스를 평가해라. 물건을 하나 팔 때마다 순수익이 얼마나 나는지 정확하게 파악해야 한다. 상대적으로 수익성이 떨어지는 상품과 서비스는 더는 제공하지 않기로 하자. 그 대신 사업의 대들보 역할을 하는 상품에 자원을 더 많이 투입해라.

19) 지속적인 개선에 전념해라

당신의 회사에 카이젠 기법을 적용해라. 지속적인 개선을 추구하자. 당신의 고객이 '품질'을 어떻게 정의하는지 알아내고 고객의 기대치를 뛰어넘을 수 있도록 최선을 다해라.

20) 핵심에 집중해라

당신이 제공하는 상품과 서비스 중에서 가장 중요한 것이 무엇인지 파악해라. 그러고 나서 그것을 더 많이 파는 일에 점점 능숙해지는 데 초점을 맞춰라. 당신이 핵심 상품을 팔 수 있는 시장의 80퍼센트는 아직 손대지 않은 영역일 것이다.

21) 결과에 초점을 맞춰라

회사에 가장 중요한 결과를 얻는 데 에너지와 자원을 집중시켜라. 모든 영역에서 일의 우선순위를 매겨보자. 그러고 나서 다른 모든 업무를 합친 것보다도 더 가치 있는 몇 가지 업무를 완수하기 위해 정신을 집중하자.

터보 전략에서 가장 중요한 것은 당신이 배우게 되는 내용이 아니다. 그보다는 당신이 어떤 행동에 나서는지, 그리고 그런 조치를 얼마나 빨리 취하는지가 중요하다. 당신이 새로운 아이디어로 넘어가는 속도와 당신이 언제든 새로운 아이디어로 넘어갈 확률 사이에는 직접적인 상관관계가 있다. 지금부터 은퇴할 때까지 적극적으로 행동하는 삶을 살겠다고 다짐해보자. 당장 행동에 나서라!

이 책에 실린 아이디어와 개념은 전부 내 경험에서 우러나온 것이다. 나는 25년 동안 미국과 캐나다뿐만 아니라 다른 23개국에서 500개가 넘는 기업과 전략적인 계획을 세우고 함께 작업했다.

나는 터보 전략 프로세스를 가르치면서 고객과 2~3일을 함께 보낸다. 다양한 아이디어로 청사진을 만들고 행동 계획을 세운다.

이런 개념들을 사업에 적용하면 당신의 가치, 비전, 임무, 목적, 목표를 더 분명하게 파악하고 그것에 전념할 수 있다. 당신이 핵심적인 성과를 거두는 영역을 찾는 방법과 당신의 비교우위(기존의 우위와 잠재적인 우위)를 찾는 방법도 배우게 된다.

이런 기술이 있으면 당신의 기업을 안팎으로 분석할 때 도움이 될 것이다. 새로운 목표, 계획, 활동, 실적 측정 척도, 책무를 정할 때도 유용할 것이다.

터보 전략 프로세스의 결과로 사업을 간소화하고 능률화할 수 있다. 매출, 수입, 현금 흐름, 비용 절감, 수익 극대화 등에도 큰 도움이 된다. 하룻밤 사이에 큰 차이를 느낄 수 있을 때도 있다.

당신의 상품, 서비스, 고객, 시장, 앞으로 찾아올 기회와 관련해서 새로운 돌파구를 마련할 수 있을 것이다.

터보 전략 프로세스에서는 당신의 사업을 구성하는 모든 영역에서 '성공적인 비즈니스를 위한 3가지 R'을 실천하는 방법을 배우게 된다. 첫째로 모든 상품, 서비스, 활동, 회사에서 일하는 전 직원을 끊임없이 재평가(Reevaluate)해야 한다.

둘째로 매출과 수익성에 제일 큰 도움이 되는 업무에 당신의 시간과 자원을 재배치(Refocus)해야 한다.

셋째로 사업에 대한 통제권을 되찾아야(Regain control) 한다. 그래야 지금의 경제에서 회사를 더 효과적으로 운영할 수 있다.

　터보 전략 프로세스에 담긴 모든 아이디어는 당신의 고유한 상황에 맞춰져 있다. 전부 당신의 회사, 상품과 서비스, 고객과 시장, 직원들과 프로세스에 적합하게 수정되었다. 회사마다 이런 아이디어를 다르게 적용해야 한다.

세 가지 단계

　터보 전략 프로세스에는 기본적으로 세 가지 단계가 있다. 바로 사전 준비, 과정 진행, 실행 단계다.

　사전 준비 단계에서는 참가자마다 자신의 회사와 사업 활동을 상세하게 분석한다. 내가 참가자와 함께 맞춤형 전략을 짤 수 있도록 분석 내용을 전달받는다. 전략은 참가자가 처한 현재의 비즈니스 상황에 잘 들어맞는 것이어야 한다.

이틀 동안 진행되는 '전략적 계획 수립' 심화 프로세스에서는 참가자의 사업을 꼼꼼하게 평가한다. 나와 함께 향후 1~3년 동안 참가자를 이끌어줄 가치, 비전, 임무, 목적, 목표를 정하기도 한다. 그러고 나면 행동을 위한 청사진을 마련한다.

각각의 상품과 서비스 영역을 현 시장, 경쟁 상대, 미래와 관련해서 자세히 살펴보고 마케팅, 영업, 홍보 전략을 세운다. 회사의 매출과 수입이 증가하고 현금 흐름도 원활해지는 것이 목표다.

그다음에는 사업의 성공과 성장에 영향을 미치는 회사 안팎의 중요한 사안들을 살펴본다. 그리고 무엇을 바꿔야 하는지, 이런 변화는 어떻게 불러오는 것이 최선인지 함께 결정한다.

마지막으로 우리는 전체적인 계획 수립 프로세스를 구체적인 행동 방침과 책무로 변환한다. 측정 척도와 마감일을 정하는 것도 잊지 않는다.

참가자들은 터보 전략 세션에 참석하고 나면 상황을 더 명확하게 파악하고 앞으로 나아갈 방향에 대한 확신을 얻는다. 행동에 나서고 더 좋은 결과를 얻을 준비가 된다. 나중에 내가 세션의 성과와 참가자가 내린 결정을 요약한다. 참가자가 미래에 가이드라인으로 삼을 수 있게 해주기 위함이다.

우리는 필요한 모든 문서 자료를 제공한다. 프로세스가 최대한 가치 있고 효과적이길 바라는 마음에서다. 나는 세션이 끝나고 나서도 참가자들을 위해서 조언자, 컨설턴트, 조수의 역할을 한다. 전략적인 계획이 기업 전반에 걸쳐서 제대로 시행되기를 바라기 때문이다.

이 프로그램은 사무실에서 떨어진 곳에서 진행된다. 방해

받을 일이 없는 조용한 공간에서 작업이 이루어진다. 이 프로그램은 놀랍도록 효과적이며 한 회사의 미래를 바꿔놓을 힘이 있다.

터보 코칭 프로세스

이 1년짜리 심화 프로그램은 야망 있고 성공한 사람들에게 안성맞춤이다. 더 나은 성과를 거두고 삶의 균형이 더 잘 맞춰지길 바라는 사람들을 위한 프로그램이다.

당신이 이미 1년에 10만 달러 이상을 벌고 시간을 어느 정도 자유롭게 쓸 수 있다면 나와 함께 샌디에이고에서 4일만 보내보자. 석 달에 하루씩만 시간을 내면 된다. 그러면 생산성과 소득이 두 배 오르고 가족과 함께 보낼 수 있는 시간은 두 배로 늘어나게 될 것이다.

90일마다 온종일 나뿐만 아니라 성공적인 기업가, 자영업자, 최고의 영업사원들과도 시간을 보내게 된다. 이 기간에 우리는 '지도자 연합'을 형성하게 될 것이다. 당신의 직업과 개인적인 삶에 곧바로 적용할 수 있는 아이디어와 통찰력을 얻을 기회다.

터보 코칭 프로세스는 효과에 관한 네 가지 영역을 바탕으로 만들어졌다. 이런 원칙들을 당신이 하는 모든 일에 편입할 수 있도록 다양한 방법과 전략을 배울 것이다.

1) 명확화

당신이 진정으로 어떤 사람이며 인생의 일곱 가지 핵심 영역에서 무엇을 원하는지를 아주 명확하게 알아내는 방법을 배우게 된다. 당신, 가족, 일에 관한 가치, 비전, 임무, 목적, 목표도 정한다.

2) 간소화

당신의 삶을 대단히 간소화하는 방법을 배우게 된다. 실질적인 목표를 달성하는 데 별 도움이 안 되는 자잘한 업무와 활동은 없애버려야 한다. 높은 수입, 행복한 가족 관계, 안정적인 건강 상태, 경제적 독립과 같은 목표를 세워보자.

상대적으로 가치가 적은 활동은 전부 능률화하고 위임하고
외부에 위탁하고 최소화하고 제거하는 방법을 배우자.

3) 극대화

최고의 시간 관리 및 자기관리 도구와 기술을 활용해서
당신의 능력을 극대화하는 방법을 배우게 된다. 더 짧은 시
간 안에 더 많은 일을 하는 방법, 수입을 빨리 늘리는 방법,
개인 생활을 위한 시간을 더 많이 확보하는 방법도 배운다.

4) 증대화

당신의 특별한 강점을 영향력 있게 활용하는 방법을 배우
게 된다. 그러면 혼자만의 노력과 자원에 의지할 때보다 훨
씬 더 많은 것을 이룰 수 있다. 다른 사람들에게 돈, 노력,
아이디어, 고객과의 연락망을 이용하는 방법 등을 배워보자.

그래야 개인적인 생산성을 높이고 돈도 더 많이 벌 수 있다.

이 터보 코칭 프로세스는 '초점: 코칭과 멘토링 심화 학습 (Focal Point Advanced Coaching and Mentoring)'이라고 불린다. 브라이언 트레이시는 샌디에이고에서 일 년에 네 번씩 이 과정을 직접 가르친다. 모든 세션에는 사전 준비, 상세한 연습 과제와 지시 사항, 자료, 식사와 다과가 포함된다. 세션이 끝나면 향후 90일 동안 실행할 완전한 청사진이 완성될 것이다.

이 프로그램에 관심이 있다면 우리의 웹사이트(briantracy.com)를 방문하길 바란다. 아니면 1-800-542-4252(내선 번호: 17)로 전화를 걸어서 부회장인 빅터 리슬링과 통화하길 바란다. 신청서를 요청해도 좋고 추가 정보도 얻을 수 있을 것이다. 독자 여러분의 연락을 기다리겠다.

터보 스트래티지

초판 1쇄 인쇄 · 2026년 4월 2일
초판 1쇄 발행 · 2026년 4월 20일

지은이 · 브라이언 트레이시
옮긴이 · 황선영
펴낸이 · 이종문(李從聞)
펴낸곳 · 국일미디어

등   록 · 제406-2005-000025호
주   소 · 경기도 파주시 광인사길 121 파주출판문화정보산업단지(문발동)
            서울시 중구 장충단로8가길 2, 2층
영업부 · Tel 02)2237-4523 | Fax 02)2237-4524
편집부 · Tel 02)2253-5291 | Fax 02)2253-5297

평생전화번호 · 0502-237-9101~3

홈페이지 · www.ekugil.com
블 로 그 · blog.naver.com/kugilmedia
페이스북 · www.facebook.com/kugilmedia
E-mail · kugil@ekugil.com

· 값은 표지 뒷면에 표기되어 있습니다.
· 잘못된 책은 구입하신 서점에서 바꿔드립니다.

ISBN 978-89-7425-963-1(03320)